चौपट राजा
तथा अन्य बाल नाटक

नाटक क्रम

चिड़िया का बंगला

[बच्चो, आज हम तुम्हें चिड़ियों की कहानी सुनाने वाले हैं। लेकिन सचमुच की चिड़ियों को तुम्हारी भाषा नहीं आती; और उनकी भाषा 'चीं चीं' को तुम लोग नहीं समझते। है न? इसलिए अब हम जो चिड़ियाँ आपके सामने ला रहे हैं वो सचमुच की नहीं हैं। वो हैं फ्रॉक पहने हुए, स्कर्ट पहने हुए, मिडी पहने हुए। किसी ने एक चोटी गूँथी है, किसी ने दो, तो किसी के बाल कटे हुए। ये चिड़ियाँ हैं चहचहाने वाली, फुदकनेवाली और क्लास में टीचर को तंग करने वाली।

हाँ, तो इन चिड़ियों को सचमुच के पेड़ पर तो नहीं चढ़ा सकते क्योंकि ऐसा करने से पेड़ ही टूट जायेगा और चिड़ियाँ बिलख पड़ेंगी। सो आपको सामने ये जो दिखाई दे रहा है न उसे ही पेड़ समझिए। हँ! क्या कहा? पेड़ कहाँ है! उसकी टहनियाँ कहाँ हैं? उसके पत्ते कहाँ हैं? उसके फल कहाँ हैं! उसकी जड़ कहाँ हैं? अजी ये तो सब कल्पना का खेल है। सो पेड़ भी कल्पना का, उसके फूल भी कल्पना के, पत्ते भी कल्पना के, फल भी कल्पना के। हाँ, तो दिखाई देने लगा आपको पेड़?

इस पेड़ पर था एक घोंसला। चिड़िया का घोंसला। अन्दर से 'लक्ष्मीबाई' नाम की प्रौढ़ चिड़िया आती है। उसके पीछे उसके बच्चे पंख की तरह अपने हाथ हिलाते हुए आते हैं और ढंग से घोंसले की

जगह पर जाकर बैठ जाते हैं। इस घोंसले में थी एक चिड़िया और उसके बच्चे।]

बच्चे : *(एक सुर में गाने लगते हैं।)*

चिव एक्के चिव
चिव दुक्के काव
चिव तिक्के कुहू
चिव चौके मिट्ठू
चिव पंजे घूँ घूँ
चिव छक्के ठि्ठ ठि्ठ
चिव सत्ते कुआ कुआ
चिव अठ्ठे गुटुरगुम्
चिव नौवें गुमसुम
चिव दसे चिव चिव

[इस बीच लक्ष्मीबाई घर का काम कर रही है। घोंसले के पास से दो पंछी दो अलग-अलग दिशाओं में उड़ते हुए जाते हैं।]

लक्ष्मीबाई : *(काम एक ओर रखकर)* तुम लोगों का पहाड़े रटना ख़त्म हुआ या नहीं। चलो, जल्दी चलो खाना खाने के लिए। अँधेरा होने लगा है। आदमी घर की ओर लौटने लगे हैं। जल्दी खाना खा लो और चुपचाप सो जाओ। शाम को सोने में देर लगाते हो और फिर दिन चढ़ने पर भी नहीं उठते। मुझे देरी होती है काम पर जाने में। तुम देर तक सोते रहोगे तो मैं तुम्हें उड़ना कब सिखाऊँगी? क्या सारी उमर घोंसले में ही काटनी है?

बच्चा-1 : माँ, हमें दाना चाहिए।

बच्चा-2 : माँ, मुझे चारा चाहिए।

बच्चा-3 : माँ, मुझे कीड़े दो न।

बच्चा-4 : माँ, देखो न, ये मुझे चोंच मारता है?

[सभी माँ के आसपास इकट्ठा होते हैं। हल्ला-गुल्ला मचाते हैं। अब एक तरुण चिड़िया उड़ती हुए आती है और इस तरह बैठती है मानो पेड़ की टहनी पर

बैठी हो। इसका नाम कुसुम है। लक्ष्मीबाई के घोंसले में चल रही बातचीत सुनती है।]

कुसुम : क्यूँ लक्ष्मीबाई, लगता है बहुत काम है?

लक्ष्मीबाई : हाँ, बच्चों को खिला रही हूँ। आप कब आयीं?

कुसुम : अभी, आ रही हूँ।

लक्ष्मीबाई : आपके श्रीमान नहीं दिखाई दे रहे साथ में?

कुसुम : आते ही होंगे। आज कहीं काम के लिए गये हैं।

लक्ष्मीबाई : *(बच्चों से)* ज़रा चुप भी रहो बदमाशो। क्या किचकिच लगा रखी है। *(कुसुम से)* इन बच्चों की वजह से तो नाक में दम आ गया है। कान पक जाते हैं और सर फटने लगता है। अजी क्या एक मुसीबत है। खाना दो, साफ करो, उड़ना सिखाओ, पढ़ाई कराओ, इसे सँभालो, उसे बचाओ। अभी परसों रात ही की बात है। इसमें से एक नींद में ही कब घोंसले से गिर गया पता ही नहीं चला। सबेरे उठ के देखा तो एक कम। मुझ पर आसमान ही टूट पड़ा। भगवान का शुकर जो बाद में मिल गया। *(इतने में एक बच्चा रोने लगता है)* चुप! *(कुसुम से)* और फिर इनके बड़े होकर घोंसले से चले जाने पर भी काम थोड़े ही ख़त्म होता है? हर साल होते ही रहते हैं नये-नये। हाँ, हम चिड़ियों की ज़िन्दगी ही बेकार। आपका अच्छा है। राजा और रानी, फिर प्यार की क्या कमी?

[बच्चों को खिलाने लगती है। कुसुम दूर से ही उसकी धाँधली देख रही है। दूसरी ओर से वसन्तराव–चिड़ा–आता है, सीना ताने। कुसुम का ध्यान नहीं है यह देखकर धीरे से उसके पीछे जाकर पंखों से उसकी आँखें मूँदता है। वह डर जाती है।]

कुसुम : उई माँ! कौन है? छोड़िए न। हाँ पहचाना। अब तो छोडिए।

[वसन्तराव आँखें खोलता है। दोनों एक-दूसरे की ओर देखकर खिलखिलाते हैं।]

वसन्तराव : क्यों महारानी जी। किस सोच में डूबी थीं?

कुसुम : सोच में कहाँ? ऐसे ही बैठी थी।

वसन्तराव : फिर भी।

कुसुम : सच! कुछ भी नहीं सोच रही थी। लेकिन आपने कितनी ज़ोर से आँखें दबाईं। ओफ्! दुख रही हैं अभी तक। और सच बताऊँ, मैं तो डर गयी थी।

वसन्तराव : क्या लगा? कुछ साँप-वाँप आ गया?

कुसुम : कुछ ऐसे ही लगा।

वसन्तराव : आज हम कुछ लाये हैं अपनी महारानी के लिए। बूझो तो क्या लाये हैं।

कुसुम : आज ये क्या नया सीखकर आये हैं? दे भी दीजिए जो लाये हैं।

वसन्तराव : उँऽहूँ! पहले बताओ, फिर दूँगा। आदमी के घर में आज ही देखकर आया हूँ। बड़ा मज़ा आता है।

कुसुम : चलो। हमें नहीं आता।

वसन्तराव : एकदम चिड़िया हो। *(रंगबिरंगी मोतियों की माला निकालकर दिखाता है।)*

कुसुम : ओह ऽ! कितनी सुन्दर है। अजी बाँधिए न मेरी पूँछ पर।

वसन्तराव : पूँछ पर! पागल हो। आदमी इसे इस तरह बाँधते हैं, *(गले में बाँधते हुए)* गले में। *(कुसुम शर्माती है।)* इसे नेकलेस कहते हैं।

[दूसरी ओर 'लक्ष्मीबाई' के बच्चों का शोरगुल]

बच्चा-1 : माँ मुझे और चारा दो।

बच्चा-2 : माँ मेरा दाना कड़ आ था...ऊँ ऊँ ऊँ– *(रोता है।)*

बच्चा-3 : माँ मेरे पेट में दर्द हो रहा है।

[लक्ष्मीबाई डाँटती है।]

वसन्तराव : *(सब देखते हुए)* चू चू चू। बेचारी की क्या हालत हो रही है। लेकिन सह लेती है चुपचाप। और उसके पतिदेव भवानराव को देखो, घूमते रहते हैं हमेशा बाहर। कभी घर आते हैं, कभी आते भी नहीं। आ भी जायें तो डाँटते हैं, फटकारते हैं, चिल्लाते हैं। क्या मज़ाल जो आदमी की तरह कभी मुँह से प्यार भरा एक शब्द निकाला हो।

[लक्ष्मीबाई के बच्चों की चीख-पुकार जारी है।]

नहीं बाबा। हमें नहीं चाहिए ये बच्चों का झंझट। हम दो जीव कितने प्यार से रह रहे हैं! अरे तुम चुप क्यों हो गयीं?

कुसुम : *(शर्माते हुए।)* अजी...

वसन्तराव : हाँ हाँ। बोलो, शरमाओ नहीं।

कुसुम : *(लजाते हुए)* मुझे...

वसन्तराव : हाँ। बोलो क्या चाहिए तुम्हें?

कुसुम : *(रुक रुक कर)* मुझे—यानी हमें—

वसन्तराव : अब बताओ भी। ऐसे क्या हकला रही हो जैसे पढ़ाई भूल गयी हो। तुमने कुछ माँगा और मैंने नहीं दिया, ऐसा कभी हुआ है? मैं और पंछियों की तरह नहीं हूँ, समझी! आदमियों को देखकर सयाना बना हूँ। मुझे तो सब कुछ आदमियों की तरह अच्छा लगता है। हाँ, बताओ क्या कह रही हो?

कुसुम : लगता है हमें भी होंगे।

[वसन्तराव हक्का-बक्का रह जाता है। उधर लक्ष्मीबाई के बच्चों का कोलाहल।]

वसन्तराव : यानी? वैसे *(दिखाते हुए)* बच्चे होंगे हमें भी?

कुसुम : हाँ।

वसन्तराव : *(सूखे होठों पर जीभ फिराते हुए)* बाप रे! *(फिर साहस बटोर कर)* हँ। होने दो। इतने सयाने आदमी को भी होते हैं तो फिर हमें हो गये तो क्या हुआ? आज तक ठीक था। बस हम दो थे। अब दो के... *(कुसुम रुआँसी)* अरे रोने लग गयी? देखो, मैंने तो मज़ाक किया। बच्चे होने वाले हैं तो मैं क्या डरता हूँ? होने दो। चार, आठ नहीं तो पूरे पचीस होने दो। एक सौ पचीस होने दो। अब तो ठीक है? देखो मैं कहाँ डर रहा हूँ? चल पगली। अब ज़रा मुस्कुराओ।

कुसुम : *(हँसती है)* मुझे लगा आप गुस्सा हो गये।

वसन्तराव : नहीं नहीं। गुस्सा क्यूँ होऊँ? मैं तो खुश हूँ। *(दोनों हँसते हैं।)*

[उधर लक्ष्मीबाई बच्चों को लोरी सुनाकर सुला रही है]

कुसुम : अँधेरा छा गया।

वसन्तराव : हाँ—दिन समाप्त हो गया।

[लक्ष्मीबाई की बेसुरी उनींदी लोरी सुनाई देती है।]

कुसुम : अजी सुनते हो। अब हमें एक घोंसला चाहिए।

वसन्तराव : वो किसलिए। *(एकदम ध्यान में आता है।)* हाँ चाहिए। अंडे बच्चे रखने के लिए ज़रूरत जो पड़ेगी घोंसले की।

कुसुम : कल ही घोंसला बनाना शुरू करते हैं?

[वसन्तराव कुछ जवाब नहीं देता। विचार-मग्न है।]

मैं कुछ कह रही हूँ आपसे।

वसन्तराव : *(चौंककर)* ऊँ—हँ—क्या? क्या कहा? *(फिर खुद से ही बात करता है)* घोंसला नहीं, बंगला चाहिए हमें।

कुसुम : क्या कहा?

वसन्तराव : बंगला चाहिए बंगला! आदमियों जैसा।

कुसुम : यानी?

वसन्तराव : यानी क्या? हम इतने छोटे से घोंसले में अपने बच्चे कैसे रखेंगे? हम भी उसी में, बच्चे भी उसी में। वहीं खाना, वहीं सोना। ऐसे नहीं चलेगा? ऐसी भीड़-भाड़ में रहना स्वास्थ्य के लिए अच्छा नहीं, ऐसा आदमी कहते हैं। हम आदमी जैसा बड़ा बंगला बनायेंगे। उसमें एक हॉल होगा, एक किचन होगा। एक तुम्हारा कमरा होगा, एक मेरा! और फिर एक अंडों का कमरा, एक बच्चों का!

कुसुम : लेकिन इतना बड़ा घर हम कैसे बनायेंगे?

वसन्तराव : मैं बनाता हूँ—तुम देखती रहो।

कुसुम : लेकिन कैसे?

वसन्तराव : वो ऽ उधर, दूर कुछ लोग बंगला बना रहे हैं। मैं हर रोज़ जाके वो देखूँगा और बंगला बनाऊँगा। तुम सिर्फ़ मेरी मदद करना। उनका बंगला ईंट-पत्थर का होता है। हमारा मिट्टी-तिनके का होगा।

कुसुम : मुझे नहीं लगता, हमसे ये होगा। बंगला यानी क्या मज़ाक़ लगा आपको?

वसन्तराव : मैं भी मज़ाक़ नहीं कर रहा हूँ। मैं सयाना पक्षी हूँ। आदमी की तरह सयाना। चिड़ियों की जाति में पहला सयाना जीव। मैं बहुत कुछ करने वाला हूँ। सभी चिड़ियों को आदमी की तरह जीना सिखाने वाला हूँ। चिड़िया-चिड़िया की तरह जिये उसमें क्या मज़ा? अब वो नहीं चलेगा। मैं बंगला बनाऊँगा। नाम भी सोच रखा है मैंने, बताऊँ। चिड़िया-बाग! *(ज़ोर से हँसता है।)* कैसा है? चिड़िया-बाग। है न अच्छा?

[हँसी की आवाज़ से सोई हुई लक्ष्मीबाई चौंककर जाग जाती है। एक जमुहाई लेती है, फिर सोती है। बच्चे नींद में चीं-चीं कर रहे हैं। इतने में कहीं से कोई कौआ बोलता है। 'काँव काँव'। वसन्तराव चुप हो जाता है। पास ही कुसुम। दोनों चुप।]

[रात गुज़र गयी। दिन निकला। वसन्तराव और कुसुम दोनों बंगले के काम में लग गये।]

[लक्ष्मीबाई और उसके बच्चे घोंसले में अपने-अपने काम में व्यस्त। वसन्तराव और कुसुमताई दोनों अपनी चोंच में कुछ झूठमूठ का ही ला-लाकर उससे बंगला बनाने का अभिनय कर रहे हैं। आते जाते फुदक-फुदककर चल रहे हैं। उड़ने का अभिनय कर रहे हैं। वसन्तराव कुसुमताई को सूचना दे रहे हैं। 'हाँ यह यहाँ रखो,' 'ज़रा मिट्टी दो,' 'अरे अरे ठीक से पकड़ो,' 'ये हो गया दरवाज़ा'–दोनों बीच-बीच में पंखों से पसीना पोंछ रहे हैं। ज़रा सुस्ता रहे हैं। पंख झटक रहे हैं। बिना कुछ बोले एक-दूसरे को प्रोत्साहन दे रहे हैं। बन रहे बंगले की ओर बड़े इत्मीनान से, सन्तोष के साथ देख रहे हैं। इधर लक्ष्मीबाई के बंगले में बातचीत चल रही है।]

बच्चा-1 : माँ वो दोनों क्या बना रहे हैं?

लक्ष्मीबाई : वो बंगला बना रहे हैं बेटा। बच्चो! मेढ़क कितना भी फूले और कहे कि मैं हाथी बना, आखिर में वह रहता मेढ़क ही है। करने दो उन्हें जो कुछ करना है। न खाना,

न पीना, न नींद, न आराम। दिन-रात बेचारे खप रहे हैं। *(ठण्डी साँस लेती है।)*

बच्चा-2 : माँ, हमारे लिए भी बनाओ न ऐसा बंगला।

लक्ष्मीबाई : बच्चो, हम गरीब लोग। ऊपर से गँवार। हमें नहीं चाहिए वो आदमियों के झमेले। दूर से ही देखो और खुशी मानो। दूर के ही ढोल सुहावने। मैं अब जा रही हूँ काम के लिए। शाम को आऊँगी। तब तक कहीं नहीं जाना। एक साथ बैठे रहना और एक-दूसरे को सँभालना। मैं बहुत सारी मिठाई लाऊँगी अपने लाड़लों को। कोई साँप-वाँप आ जाय तो ज़ोर से चिल्लाना, वो भाग जायेगा। कोई बुलाए तो भी कहीं जाना नहीं। समझे? तो मैं चलूँ?

बच्चे : अच्छा। लेकिन जल्दी वापस आना।

लक्ष्मीबाई : हाँ मेरे बच्चो, काम ख़त्म होते ही, चारा मिलते ही, उड़ते-उड़ते आऊँगी तुम्हारे पास। अब मैं चलती हूँ। *(उड़ने का अभिनय)*

वसन्तराव : *(बंगले का काम रोककर)* क्यों लक्ष्मीबाई काम पर जा रही हो?

लक्ष्मीबाई : *(रुककर)* हाँ। हमारे पास थोड़े ही आप जैसा आदमियों का सयानापन है। दाना-पानी तो ढूँढ़ने जाना चाहिए। *(जाती है)*

कुसुम : चुड़ैल कहीं की। देखो कैसे बोल रही थी।

वसन्तराव : यूँ तो होता ही रहता है। हरेक अच्छी चीज़ का पहले मज़ाक़ ही उड़ाया जाता है। आज मज़ाक़ उड़ा रहे हैं लेकिन कल जालेंगे। आँखें फूटेंगी बंगला देखकर। क्या समझी? चलो। काम करो। बैठने से कुछ नहीं होगा। अभी वो बीच वाली दीवार बनानी है। फिर पीछे की दीवार, फिर छत–

[दोनों काम में जुट जाते हैं।]

सूत्रधार : काम में दिन कैसे बीते पता ही नहीं चला। आखिर बंगला बन ही गया।

[कुसुम और वसन्तराव पूरे हुए काल्पनिक बंगले की ओर देख रहे हैं। चेहरे पर प्रसन्नता दूर लक्ष्मीबाई के बच्चे टुकुर-टुकुर देख रहे हैं।]

वसन्तराव : वाह वाह! क्या शानदार बंगला बना है।

कुसुम : हाँ सचमुच। देख के आँखें ठण्डी हो जाती हैं।

वसन्तराव : है न बिल्कुल आदमी के बंगले की तरह।

कुसुम : क्यों नहीं? उससे भी अच्छा है।

वसन्तराव : बिल्कुल!

[एक ओर से लक्ष्मीबाई के बच्चों का पिता भवानराव उड़ते हुए दिखाई देता है। उसे रोकते हुए।]

भवानराव आइये-आइये, ज़रा इधर तो आइए।

भवानराव : *(आते आते अपने बच्चों को फटकारते हुए)* बदमाशो, खड़े-खड़े क्या देख रहे हो? चलो, पहले घर चलो। नहीं तो मारता हूँ चोंच एक-एक को। चलो भागो! शैतान कहीं के! *(आवाज़ बदलकर)* हाँ तो वसन्तराव क्या कह रहे थे आप। किस लिए बुलाया?

[सभी बच्चे डरकर घोंसले में जा बैठते हैं। डर से काँप रहे हैं।]

वसन्तराव : यह हमारा बंगला देखो।

भवानराव : बहुत बढ़िया। आते-जाते रोज़ देखता हूँ मैं। बहुत कष्ट उठाया आप लोगों ने इसके लिए।

वसन्तराव : यह हॉल, यह मेरा कमरा, यह इसका, वो उधर अंडों के लिए, और वो उसके बाजू में बच्चों के लिए स्पेशल। यहाँ सडांस बाथरूम। शॉवर बाथ भी है। बिल्कुल आदमी की तरह।

भवानराव : मैं कभी स्नान नहीं करता। आपका वो फौवारा मेरी समझ में नहीं आता। बारिश हुई तो वही हमारा फौवारा। बंगला बहुत अच्छा है। बधाई!

[घोंसले की ओर उड़ते-उड़ते जाता है। बच्चे सहमे हुए। वह आराम से उनके बीच जाता है और ऊँघने लगता है।]

कुसुम : अब अपने इस शानदार बंगले के लिए कोई नाम चाहिए।

वसन्तराव : नाम! वो तो हमने कब का पक्का किया है। हम तो तख्ती भी बना के लाये हैं।

[एक सचमुच की तख़्ती पंखों के नीचे से धीरे से निकालता है और लगा देता है।]

कुसुम : *(प्यार भरी निगाह से)* वाह!

वसन्तराव : अजी ये आदमी का दिमाग़ है। चिड़ियों का नहीं।

कुसुम : मुझे आप पर बहुत गर्व है।

वसन्तराव : होना ही चाहिए। कल ही मुहूर्त करेंगे बंगले में प्रवेश का। गृहप्रवेश या ऐसा ही कुछ कहते हैं आदमी लोग उसे। और सुनो, बंगले में चिड़ियों की तरह नहीं रहना।

कुसुम : फिर? फिर कैसे रहना।

वसन्तराव : पगली। बंगले के आदमियों की तरह। मैं सिखाऊँगा तुम्हें सब। मुझे मालूम हैं सभी बातें। सुबह उठते ही कहना 'गुड मॉर्निंग डार्लिंग!'

कुसुम : यह डार्लिंग यानी क्या?

वसन्तराव : भगवान जाने। लेकिन मतलब से क्या मतलब? आदमी लोग कहते हैं तो हम भी कहेंगे। हाँ तो सुबह उठते ही 'गुड मॉर्निंग डार्लिंग।' रात सोते समय 'गुड नाइट डाार्लिंग।' मैं काम पर बाहर निकलूँ तो तुम कहना 'बाय बाय डार्लिंग।'

[कुसुम ये पाठ बार-बार दोहराकर याद करने लगती है।]

निवेदक : दिन बीतते गये। दिन, नये बंगले के! दिन आदमी जैसे जीवन के। पहले-पहले मज़ा आता था बंगले के आदमियों की नकल उतारते हुए। लेकिन बाद में मन ऊबने लगा।

[कुसुम कोई गाना गुनगुनाते हुए स्वेटर बुनने का अभिनय कर रही है। वसन्तराव बिना शीशे का चश्मा लगा कर पेपर पढ़ने का अभिनय कर रहे हैं। पास के घोंसले में लक्ष्मीबाई बच्चों के बदन पोंछ रही है।]

वसन्तराव : *(पेपर एक ओर रखकर नाक पर फिसला हुआ चश्मा ऊपर सरकाते हुए)* हलो डार्लिंग, मौसम बड़ा सुहाना है।

कुसुम : *(जम्हाई रोकते हुए)* हाँ डार्लिंग! आज डार्लिंग कितना

सुहाना है। नहीं, डार्लिंग नहीं मौसम। *(अँगड़ाई लेते हुए)* बोर हो गये डार्लिंग।

वसन्तराव : डार्लिंग आज कितने अंडे गरम किये।

कुसुम : चार डार्लिंग।

वसन्तराव : *(पेपर पढ़ते हुए)* आज ऊँ आज अरबस्तान के कबरस्तान में—अं—दंगा होकर ऊँ—चार मरे—पाँच घायल डार्लिंग। नहीं डार्लिंग पाँच मरे—चार घायल।

कुसुम : वाह! मज़ा है। डार्लिंग अब स्नान कीजिए।

वसन्तराव : ओ यस डार्लिंग। करता हूँ।

[उठकर कमीज उतारने का अभिनय करता है। फिर एक ओर जाकर दरवाज़ा बन्द करता है और शॉवर के नीचे स्नान करने का हूबहू अभिनय करता है। मुँह से सीटी बजा रहा है। इसी बीच कुसुम आईने के सामने मेकअप करने का, लिपिस्टिक लगाने का अभिनय करती है।]

[इधर उसी समय लक्ष्मीबाई के घोंसले में]

बच्चा-1 : **माँ हम लोग उस नये मकान में जाके आयें?**

बच्चा-2 : हाँ माँ! जायें?

बच्चा-3 : बोलो न माँ। हम वह शानदार घर देख आयें?

लक्ष्मीबाई : नहीं।

बच्चा-4 : माँ जाने दो न! वो घर देखो कितना अच्छा है।

लक्ष्मीबाई : होने दो। एक बार कह जो दिया, नहीं जाना।

[बच्चे रोते हैं। वसन्तराव बदन पोंछते हुए बाथरूम से निकलकर हॉल में आते हैं।]

कुसुम : वो देखा? वो पड़ोस वाली लक्ष्मीबाई कैसे देख रही है हमारे बंगले की ओर। कलमुँही की नज़र ही बुरी। खुद तो दरिद्री ऊपर से दूसरों के सुख को भी नज़र लगायेगी।

वसन्तराव : अरे! ऐसा करती है वो। ठहरो। आज ही उस ओर एक बड़ी दीवार खड़ी करता हूँ। फिर अपना बंगला नहीं दिखाई देगा उसे।

कुसुम : हाँ, वैसे ही कीजिए।

सूत्रधार : वैसे ही हो गया। पोंराले और बंगले के बीच एक दीवार

खड़ी हो गयी। अब कुसुम को कोई कष्ट नहीं था। दिन बीतते गये। घर में बच्चे आ गये।

[वसन्तराव, कुसुमताई के बच्चे 'पप्पा' 'मम्मी' करते हुए चिल्ला रहे हैं। वसन्तराव सर पर पंख धरे हताश बैठे हैं। कुसुमताई बच्चों को समझाने का व्यर्थ प्रयास कर रही हैं। उधर लक्ष्मीबाई के बच्चे अपने घोंसले के पास आपस में खेल रहे हैं।]

वसन्तराव के बच्चे

बच्चा-1 : मम्मी हम पड़ोसी बच्चों के साथ खेलने जाते हैं न–

बच्चा-2 : ममी हमें जाने दो न।

बच्चा-3 : हम तो ऊब गये ममी।

कुसुम : एक बार कह जो दिया नहीं जाना। क्यों बार-बार तंग कर रहे हो? घर में खेलो। उन निचले दर्जे की चिड़ियों के बच्चों में नहीं खेलना।

[बच्चे रोते हैं तंग करते हैं।]

कुसुम : अजी सुनते हो डार्लिंग। ज़रा खेलो न इनके साथ।

वसन्तराव : डार्लिंग मुझे सरदर्द हो रहा है।

कुसुम : डार्लिंग, मेरा भी सर दुख रहा है।

वसन्तराव : लेकिन मैं बहुत थक गया हूँ।

कुसुम : और मैं जैसे एकदम तरोताज़ा हूँ।

वसन्तराव : मैं कहता हूँ, ज़रा बाहर खेलने गये तो...

कुसुम : वा ऽ वा। बाहर जाने से उन्हें बुरी आदत जो लगेगी। बंगले में रहने वाले हैं वो। वो क्या एक तिनके के घोंसले में रहने वाले उन भिखमंगे बच्चों से खेलेंगे?

वसन्तराव : वो भी सही है। बच्चो, वहाँ नहीं जाना है। यहीं खेलो। ...नहीं तो ऐसा करो। आदमियों के बच्चों की तरह ए बी सी डी बोलो। चलो मैं सिखाता हूँ। आओ बच्चो, बोलो मेरे साथ–

ए बी सी डी
तुम मेरी लेडी
मैं तुमरा साहब
तुम मेरी मैडम

[बच्चे उसी को दुहराते हैं।]

कुसुमताई : मैं कहती हूँ। वो पास वाला घोंसला आप तोड़ क्यूँ नहीं देते। उससे तो हमें बहुत तकलीफ़ होती है। और फिर बंगले के पास वो गन्दा घोंसला अच्छा भी नहीं लगता। बंगले की सब शान चली जाती है।

वसन्तराव : मैं भी समझता हूँ। लेकिन दूसरों का घोंसला...

कुसुम : फिर क्या हुआ? वो बनाये किसी दूसरे पेड़ पर। यहाँ उसका क्या काम? छीऽ छीऽ चार तिनकों का वह घोंसला! और क्या वो भवानराव, क्या लक्ष्मीबाई और क्या वो उसके नंगे, मैले बच्चे। देख के तो मेरी आँखें दुखने लगती हैं। सच डार्लिंग, एक बार मौक़ा देख के तोड़ ही डालो वो गन्दा घोंसला। कुछ भी बाकी न रह जाये।

[वसन्तराव सोच में डूब जाता है।]

सूत्रधार : वसन्तराव को ये बात जँची तो बहुत लेकिन घोंसला तोड़ना रह ही गया और थोड़े ही दिनों के बाद एक रात सांय-सांय हवा चलने लगी।

[लक्ष्मीबाई, भवानराव और बच्चे घोंसले में। वसन्तराव, कुसुम और उनके बच्चे बंगले में। बीच में काल्पनिक दीवार खड़ी है।]

कुसुम : आज मौसम बहुत ख़राब है डार्लिंग।

वसन्तराव : हाँ बहुत ही ख़राब है डार्लिंग। लगता है तूफान आने वाला है।

कुसुम : *(डरकर)* फिर...!

वसन्तराव : फिर...क्या? हमें क्या डर है? हम तो बंगले में रहते हैं। सुरक्षित हैं।

कुसुम : अरे हाँ। हमें तो कुछ नहीं होगा। मैं कहती हूँ ज़ोरों की आँधी आये और वो पड़ोस वाला घोंसला उसमें उड़ जाये।

वसन्तराव : लेकिन दूसरों का ऐसा बुरा सोचना अच्छी बात नहीं।

कुसुम : उसमें क्या बुरा है। वह गन्दा घोंसला हमारे बंगले के पास बिल्कुल शोभा नहीं देता।

वसन्तराव : ये सच है, लेकिन उसमें वो चिड़िया का परिवार जो रहता है।

कुसुम : वो दूसरी जगह जायेंगे नहीं तो मरेंगे। हमें क्या लेना-देना!

निवेदक : हवा और ज़ोर से चलने लगी।

लक्ष्मीबाई : *(आसमान की ओर देखकर)* एक-दूसरे से चिपक के बैठे रहो बच्चो। लक्षण कुछ ठीक नहीं दिखाई देते। लगता है ज़ोरों की आँधी आयेगी।

बच्चा-1 : फिर माँ! *(रोने लगता है)*

बच्चा-2 : माँ अपना घोंसला तो छोटा है।

लक्ष्मीबाई : डरो मत बच्चो। भगवान छोटों की ही फिकर करता है। बाढ़ में तो बड़े-बड़े पेड़ ढह जाते हैं लेकिन पौधे बचते हैं। चलो, हम भगवान की प्रार्थना करते हैं। फिर वो हमारी रक्षा करेगा।

बच्चा-3 : पिताजी, आप भी कीजिए न प्रार्थना।

भवानराव : मैं! तुम्हारी माँ कर रही है उसमें मैं हूँ ही। फिर मैं अलग से क्यों करूँ? करो, तुम लोग करो।

[लक्ष्मीबाई और उसके बच्चे भगवान की प्रार्थना कर रहे हैं। इधर वसन्तराव और कुसुमताई रेडियो के ताल पर वेस्टर्न डान्स कर रहे हैं। बच्चे डोल रहे हैं। तालियाँ बजा रहे हैं। अब चिड़िया-बाग की तख्ती धीरे-धीरे हिलने लगती है।]

कुसुम : *(रुककर)* डार्लिंग, तूफ़ान बढ़ने लगा है।

वसन्तराव : हाँ डार्लिंग, लेकिन तुम रुक क्यों गयीं?

बच्चा-1 : पपा ये क्या हो रहा है?

बच्चा-2 : ज़मीन हिल रही है?

वसन्तराव : कुछ नहीं हो रहा है। हम बंगले में हैं। तुम लोगों को भ्रम हो रहा है। और क्या? चुप रहो अब! *(फिर नाचने लगते हैं)*

कुसुम : नहीं जी! सच लग रहा है, हम हिल रहे हैं।

वसन्तराव : नहीं... *(गिरते-गिरते खुद को सँभालते हुए)* ...भ्रम हो रहा है। और क्या?

[बढ़ रहे हिलोरों से बच्चे डरने लगते हैं। चीखने लगते हैं।]

कुसुम : *(और डरकर)* नहीं जी। बंगला ही हिल रहा है।

वसन्तराव : बिल्कुल नहीं हिलता। एकदम पक्का है। हिलेगा कैसे? इतना बड़ा बंगला? खुद हिलोरे खा रहा है। हिलेगा कैसे? और हिला भी तो... *(फिर ज़ोर से हिचकोले खाता है।)* —कोई हर्ज़ नहीं, डरो मत।

सूत्रधार : ज़ोरों की आँधी आयी।

[नाम की तख्ती ज़ोर से हिलोरें खा रही है। उसी के साथ बंगले का परिवार भी डोल रहा है। घबराहट! चीख-पुकार। सभी एक-दूसरे से चिपकते हैं। वसन्तराव ढाढस बँधाने की व्यर्थ कोशिश कर रहे हैं। वास्तव में स्वयं डरे हुए हैं। इधर घोंसले में लक्ष्मीबाई, भवानराव और बच्चे ठिठुर रहे हैं मानो बारिश में भीगे हों। बीच-बीच में पंख हिलाकर पानी झटक रहे हैं।]

लक्ष्मीबाई : पास वाले बंगले से आवाज़ें सुनाई दे रही हैं।

भवानराव : खुशी के कारण होंगी। अमीर जो हैं। आदमियों की तरह।

लक्ष्मीबाई : नहीं जी। बच्चे डरके मारे चीख रहे हैं।

भवानराव : अरी नहीं। तुम्हें भ्रम हो रहा है। वो तो अंग्रेज़ी गाने गा रहे हैं—आदमियों की तरह। बंगले वाले जो ठहरे।

सूत्रधार : आँधी बढ़ती गयी। बिजलियाँ कड़कने लगीं।

लक्ष्मीबाई : ज़रा देख के तो आइए। मैं कहती हूँ लक्षण कुछ ठीक नहीं लग रहा इस पास वाले बंगले का।

भवानराव : ऐसा भी कभी हुआ है? फिकर करे, डरें हम; वो नहीं। उनका बंगला बड़ा है।

सूत्रधार : इधर आँधी तो एकदम बढ़ गयी। उसके थपेड़ों से बंगला ढह गया। सभी ऐन बारिश में गिर पड़े।

[इसी समय वसन्तराव, कुसुमताई और बच्चों की चीखें। सभी खुले में ज़ोरदार बारिश में भीगने का अभिनय कर रहे हैं। ठण्ड से ठिठुर रहे हैं, कराह रहे

हैं, चीख रहे हैं। बिजली की कड़क से डर रहे हैं। लक्ष्मीबाई और उनका परिवार अपने घोंसले में।]

लक्ष्मीबाई : ओ माँ। गिर गया पड़ोसी का बंगला। क्या हुआ होगा उन बेचारों का! इस बीच वाली दीवार के कारण यहाँ से कुछ दिखाई भी नहीं देता।

भवानराव : होने दो जो होना है। तुम्हें क्यों चिन्ता?

लक्ष्मीबाई : ये क्या कह रहे हैं? जैसे हमारे बच्चे, वैसे उनके बच्चे। आख़िर बच्चे ही हैं न! देख आइए क्या हुआ है। चलिए मैं भी चलती हूँ।

भवानराव : बारिश में? तूफान में? हट्, कोई ज़रूरी नहीं।

लक्ष्मीबाई : कहा न चलिए। जल्दी चलिए। उठिए। नहीं तो मैं अकेली जाऊँगी।

[अकेली ही निकल पड़ती है। मजबूरन भवानराव को भी पीछे-पीछे जाना पड़ता है। दोनों भी बारिश में, तूफान में चलने का अभिनय करते हुए नीचे उतरते हैं। बारिश में भीगते हुए गिरे हुए बंगले की ओर जाते हैं। पुकारते हैं।]

लक्ष्मीबाई : *(देखती है कि कुसुमताई गिरी हैं उसके पास जाकर)* कुसुमताई! कहीं चोट तो नहीं आयी?

भवानराव : *(वसन्तराव को उठाते हुए)* क्यों वसन्तराव। कहाँ गया बंगला।

वसन्तराव : अजी कहाँ का बंगला और कहाँ का क्या? ओयऽ-ओयऽ। लगता है पैर टूट गया।

कुसुम : ठण्ड से ठिठुर रही हूँ मैं। हू हू हू हू–

लक्ष्मीबाई : सभी ठीक हैं, एकदम सुरक्षित। चलिए आप सभी हमारे घोंसले में चलिए। चलो बच्चो, चलो चलो सब–।

भवानराव : लेकिन वसन्तराव, हमारा बंगला नहीं है। है एक मामूली घोंसला।

वसन्तराव : हाँ हाँ चलेगा। बस आसरा मिलना चाहिए। ओय ओय।

[सभी लक्ष्मीबाई के घोंसले की ओर गिरते-पड़ते आते हैं। आसरा पाते ही वसन्तराव, कुसुमताई की जान में जान आती है। लक्ष्मीबाई जल्दी-जल्दी

उनके बच्चों के बदन पोंछने लगती है। घोंसले में रेलपेल।]

भवानराव : बहुत तकलीफ़ होगी आप लोगों को। हमारा घोंसला तो बहुत छोटा है। बंगले का आराम, सुविधा नहीं है यहाँ।

वसन्तराव : रहने दीजिए—*(छींकता है)* लगता है बुखार आयेगा।

भवानराव : नहीं, आप बंगले में रहने वाले पंछी। इसलिए।...

वसन्तराव : छोड़ दीजिए अब वो बातें। *(दो-चार बार छींकता है। दर्द से कराहता है।)*

सूत्रधार : आँधी कम होती गयी। रुक भी गयी।

लक्ष्मीबाई : आँधी थम गयी।

कुसुम : लक्ष्मीबाई आपने हमें सहारा दिया। बहुत उपकार हैं आपके हमारे ऊपर।

लक्ष्मीबाई : अजी सहारा तो देना ही चाहिए। घोंसला बना के जो बैठे हैं। पड़ोसियों को भूलेंगे तो कैसे चलेगा? संकट दूसरों पर आता है वैसे किसी दिन हम पर भी आ सकता है। ये बात भूल जाओ तो सबक ज़रूर मिलता है। कोई किसी को छोटा न समझे। कोई किसी पर हँसे नहीं।

भवानराव : हाँ तो वसन्तराव! अब नया बंगला बनाना कब शुरू करते हैं? *(वसन्तराव के चेहरे पर न सुनने का भाव। छींकता है)* वसन्तराव! क्या नया बंगला बनाने का विचार है। आदमी जैसा। बहोत बड़ा बंगला। *(वसन्तराव दूसरी ओर देखते हुए छींकते हैं।)* वसन्तराव...। *(फिर छींकते हैं।)*

कुसुम : मैं बताती हूँ। बहोत हो गया ये पागलपन आदमी की तरह बर्ताव का। भगवान का शुक्र है जो हाथ-पाँव सलामत रहे। अब से चिड़ियों की तरह जीना। आदमी का जीना आदमी को ही मुबारक।

भवानराव : भाभीजी! आजकल उल्टा आदमी चिड़ियों की तरह जीना चाहता है। क्यों वसन्तराव! मैं भी देखता हूँ आदमियों को। परसों ही किसी भीड़ में एक मोटा तगड़ा आदमी गा रहा था—

मैं चाहूँ बनूँ चिड़िया,

नन्ही नन्ही प्यारी चिड़िया,
फूल जैसी कोमल चिड़िया,

अब बोलो!

लक्ष्मीबाई : मैं कुछ कहूँ? वैसे मुझ अनाड़ी को कुछ ज़्यादा समझ नहीं। लेकिन हर कोई अपने से जो हो सके वही करे और सुखचैन से रहे, इसी में उसकी भलाई है। दूसरे की नकल में तो फजीहत होती है। *(वसन्तराव छींकते हैं।)*

कुसुम : बिल्कुल सही कहा आपने लक्ष्मीबाई! मैं एकदम सहमत हूँ। *(वसन्तराव से)* अजी सुनते हो। *(वसन्तराव की छींक)* मैं कहती हूँ कल हम चिड़ियों की तरह एक छोटा-सा घोंसला बनायेंगे।

[वसन्तराव बड़ी कठिनाई से सहमति प्रकट करने के लिए गर्दन हिलाता है।]

(पर्दा गिरता है।)

चौपट राजा

[पर्दा खुलने से पहले एक लड़के के ज़ोर-ज़ोर से रोने की आवाज़ आती है। उसे बीच-बीच में रोके हुए 'श्रेयनामावलि' जारी रखी जाये। 'इस नाटक में काम करने वाले' से लेकर 'नाटक करने वाली संस्था, लेखक' आदि तक।]

इसी बीच धीरे-धीरे पर्दा खुलता है। रंगमंच पर एक छोटा लड़का जो राजपुत्र की पोशाक में है, बैठे-बैठे ज़ोर-ज़ोर से रो रहा है।

राजमहल के लोग दौड़ते हुए आते हैं। इनमें प्रधान, विदूषक, सेवक, रानियाँ आदि सभी लोग हैं—लेकिन सभी नंगे पाँव। सभी चिल्लाते हुए, ऊँची आवाज़ में ज़ोर-ज़ोर से पूछ रहे हैं। 'क्या हो गया?' 'क्या हो गया?' 'राजपुत्र क्यों रो रहे हैं?'

पूछताछ करने वाले सभी लोगों की गतिविधियाँ एकदम रुक जाती हैं। सभी 'स्टिल'। शान्त। और अन्तिम घोषणा :

"अँधेर नगरी चौपट राजा।"

लोग फिर हिलने-डुलने लगते हैं। बोलने लगते हैं। राजपुत्र के रोने की वजह से हलचल मची है। विदूषक राजपुत्र को समझाते हुए अपनी ही आँखें, नाक पोंछता है। राजवैद्य राजपुत्र का मुँह खुलते ही उसमें दवा, और एक-एक गुटिका डालते जा रहे हैं। लेकिन रोने के दूसरे दौर में ही वह बाहर फेंकी जाती है। इससे राजवैद्य हैरान। रानियाँ इस

बीच आपस में लड़ने लगती हैं। राजपुत्र के रोने से प्रधानमन्त्री को दमे की तकलीफ़ शुरू होती है। सेवक उन्हें सँभालने में उलझ जाते हैं। राजपुत्र रोता जा रहा है।–राजा का आगमन होता है। दौड़ते हुए आता है और आते-आते रंगमंच पर फिसलकर गिर जाता है। सभी हँसते हैं। राजा गुस्सा होता है। लेकिन राजपुत्र वैसे ही रोये जा रहा है। परेशान राजा राजपुत्र को डरा के, धमका के, हाथ उठाकर, आँखें दिखाकर दाँत पीस कर चुप कराने की कोशिश करता है और आखिर हारकर अपने सिर का बड़ा-सा कामदार साफा राजकुमार के सिर पर पटकता है। उसमें राजपुत्र का पूरा चेहरा गायब होता है। रोना भी सुनाई नहीं देता। राजा को सन्तोष।

राजा : *(अब खुश होकर–प्रेक्षकों के सामने आता है।)* मैं राजा। कसम से! *(मूँछें ऐंठता है)* और यह राजपुत्र यानी राजा का पुत्र यानी मेरा पुत्र। पुत्र यानी *(संभ्रम में।)* ...क्या करूँ? इस अँधेर नगरी की राजागिरी में शब्दार्थ याद करने के लिए भी समय नहीं मिलता। प्रधानजी पुत्र यानी कौन।

[प्रधानजी दमे से हाँफते हुए राजपुत्र की ओर इशारा करते हैं।]

हाँ, लेकिन कौन? हमारा कौन?

प्रधानजी : *(बड़ी कठिनाई से)* पुत्र! *(फिर हाँफने लगता है।)*

राजा : *(सर पर हाथ पटक के)* ये हमारे प्रधान। हमारे राज्य का कारोबार देखने वाले। यानी करोबार करते हैं हम और देखते हैं ये। –इस तरह। *(प्रधानजी की नकल उतारता है। फिर चिल्लाता है।)* अरे कोई तो बताओ जल्दी, पुत्र यानी कौन? नहीं तो...। *(मुँह चबाते हुए)* हरेक को पचास बार उठने-बैठने की सजा मिलेगी।

प्रधान : *(कराहते हुए)* लड़का। *(छाती पकड़ के बैठ जाते हैं। दमे की तकलीफ़ से बेहाल।)*

विदूषक : *(प्रेक्षकों से)* पचास बार उठने-बैठने की सजा सुनते ही हमारे प्रधानजी का दमा बढ़ गया।

राजा : *(प्रेक्षकों से)* तो हाँ। यह हमारा पुत्र यानी लड़का। यानी हम इसके...

विदूषक : *(पास ही खड़े राजवैद्य की पीठ पर धप्प जमाते हुए)* पिताजी!

राजा : यह हमारा विदूषक। पूरे राज्य में ऐसा होशियार आदमी नहीं मिलेगा। *(जल्दी-जल्दी राजपुत्र के पास जाकर साफा उठाके फिर पहले की तरह रख देता है।)* रोज़ सुबह जो उगता है और शाम को डूबता है उसे क्या कहते हैं?

प्रेक्षकों में से : सूरज। सूरज।

राजा : यानी वो। उसमें ऐसी-ऐसी रेखाएँ होती हैं। *(इशारे से बताता है)* और जो बहोऽत ही तेजस्वी होता है...

प्रेक्षकों में से : सूरज। सूरज...

राजा : हाँ, तो हमारे गाँव में पहले एक सूरज था। जो न तो उगता था न ही डूबता था। उसका प्रकाश मन्द लेकिन शीतल होता था। वो हमेशा आसमान में रहता। एकदम पीला। रोज़ थोड़ा-थोड़ा घटता, नहीं तो बढ़ता।

प्रेक्षकों में से : अजी वो तो चाँद था चाँद।

राजा : *(सुनकर)* गलती हो गयी! लेकिन आने दो। हाँ तो इधर आजकल कुछ दिनों से एक नया सूरज चमकने लगा है हमारे आसमान में—बिल्कुल क्रोधी। और प्रकाश इतना तेज़ कि आँखों से देखना भी मुश्किल। और फिर गरम हो गया तो ऐसे जलाता है सबको कि बस्स। रोज़ सबेरे आता है और शाम को चला जाता है। पहले वाले को हम सूरज कहते थे इसलिए इस नये मेहमान को चाँद कहने लगे।

प्रेक्षक : नहीं, सूरज...सूरज!

[विदूषक प्रेक्षकों को चुप कराता है।]

राजा : अच्छा अच्छा। आप कहते हैं वैसा ही सही। हमारा क्या जाता है? लेकिन जब से यह नया चाँद—नहीं नहीं—सूरज आया है तब से हमारी अँधेर नगरी में प्रकाश-ही-प्रकाश हुआ है। यानी हमारी अँधेर नगरी बिल्कुल प्रकाशनगरी बन गयी है। इससे समझ में ही नहीं आता कि दिन-भर

करें क्या? कुछ करने की सोचो तो अँधेरे का नाम ही नहीं। सभी ओर उजाला ही उजाला बस! राज्य की अव्यवस्था में गड़बड़ी मची है और सभी जगह अब अनुशासन बढ़ने लगा है। लोगों में न तो अन्याय की कोई परवाह रहे है, न ही मूर्खों का सम्मान बचा है। सारा सयानों का कारोबार होने जा रहा है। यह बहोऽत ही बुरा है।

[विदूषक तालियाँ बजाता है और मुँह में उँगलियाँ डालकर सीटी बजाता है।]

हाँ, तो अब हम देखें कि हमारा यह पुत्र यानी लड़का क्यों रो रहा है? *(साफा उठाके अपने सर पर रखता है और ज़ोर-ज़ोर से रोने वाले राजपुत्र से कहता है।)*

क्यों रे शैतान। क्या हो गया? क्यों रो रही हो। लगाऊँ क्या एक? हुँ! राज में उजाला फैल गया तो तुम पर भी शामत सवार हुई।

राजपुत्र : *(रोना जारी है)* उजाला। उँऽ-उँऽ। जलते हैं। उँ उँ ऽ। पैर। हम नहीं उँ उँ–

राजा : क्या उजाला, जलते हैं, पैर, हम नहीं उँ उँ–?

प्रधान : *(हाँफ रहा है)* सूरज। *(बस इतना ही बोल पाता है।)*

रानी : महाराज, मैं बताती हूँ। यह मेरा पुत्र। जब यह खेलने के लिए प्रासाद के बाहर जाता है तो उजाले से इसके पैर जलते हैं। इसलिए रो रहा है।

राजा : यानी वह रोज़ सुबह निकलता है और शाम को डूबता है। उसमें ऐसी-ऐसी रेखाएँ होती हैं और जो बहुत ही प्रकाशमान होता है–

रानी : बिल्कुल सही। उसी के प्रकाश से!

विदूषक : यानी चाँद के।

प्रेक्षकों में से : गलत। सूरज के।

विदूषक : *(प्रेक्षकों से)* श शू ऽ ऽ। *(फिर राजा से)* सूरज के। सूरज के ही।

राजा : लेकिन इस गधे की औलाद को किसने कहा, बिना हाथी या घोड़े पर बैठे बाहर उजाले में खेलने के लिए? हमारे

पैर कहाँ जलते हैं? हम तो शिकार के लिए भी जाते हैं। और हमारे ये प्रधानजी सेनापति, मन्त्री, विदूषक—

रानी : लेकिन महाराज, आप सबके पैर बड़े हैं। मेरे इस नन्हे मुन्ने के पैर कितने छोटे, कोमल हैं, जैसे कमल की पंखुड़ियाँ।

[इतने में राजपुत्र राजवैद्य को लात मारता है। राजवैद्य 'ओय ओय' करता है।]

विदूषक : *(प्रेक्षकों से)* राजवैद्य की पीठ पर पंखुड़ी बरसी। *(राजा से)* और फिर महाराज घोड़े पर बैठकर वह घोड़ा-घोड़ा कैसे खेलेगा? उसके लिए तो लकड़ी ही चाहिए और फिर आँखमिचौनी, लुका-छिपी, गुल्ली-डण्डा, कबड्डी—ऐसे सब खेलों के लिए तो ज़मीन पर ही चलना होता है?

राजा : तो फिर जब यह नया सूरज नहीं होगा—तब खेले।

रानी : तब मेरे लाड़ले को—

[राजपुत्र उसकी उँगली काटता है।]

ओयऽ ओयऽ। ऐसे भी कोई काटता है अपनी माँ को। हाँ तो महाराज जब यह नया सूरज नहीं रहता तो मेरे प्यारे को आजकल नींद आती है।

राजा : हमें भी आती है। प्रधानजी आपको?

[प्रधानजी बस हाँफते हैं।]

राजा : विदूषक तुम्हें?

विदूषक : हाँ आती है। यानी नींद।

राजवैद्य : मुझे भी आती है। रात में नींद स्वास्थ्य के लिए लाभप्रद है। लेकिन मुँह खुला नहीं रखना चाहिए। नहीं तो मक्खी पेट में जाती है।

[राजपुत्र फिर से रोने लगता है।]

राजा : *(चिल्लाते हुए)* स्टॉप। एस-टी-ओ-पी। *(राजपुत्र के खुले मुँह में दुशाला ठूँसता है। रोना अब सुनाई नहीं देता। हाथ झटकता है।)* तो इसके लिए जल्द से जल्द कुछ करना चाहिए। हमारे पुत्र यानी लड़के के पैर जलानेवाले इस नये सूरज का बन्दोबस्त करना ही चाहिए। *(चिल्लाते हुए)* प्रधानजी ऽ!

प्रधान : महाराज *(छाती कसकर पकड़े हुए—काँपते स्वर में)* महाराज, चिल्लाइए मत। मेरा दमा बढ़ता है।

राजा : *(निचले स्वर में)* प्रधान जी ऐसी कोई बढ़िया तरकीब सोचिए जिससे खेलते समय हमारे लड़के के पैर नहीं जलेंगे।

प्रधान : लेकिन महाराज, मेरा दमा...

राजा : राजवैद्य, आप प्रधानजी को कोई दवा क्यूँ नहीं देते?

राजवैद्य : देता हूँ, लेकिन वही मना करते हैं। कहते हैं दमा चला गया तो महाराज काम के मारे...

[प्रधान राजवैद्य के चिकोटी काटता है।]

ओय ऽ ओय ऽ!

राजा : *(प्रधानजी से)* तो ये बात है। प्रधानजी, हमारे पुत्र के यानी लड़के के पैर जलते हैं उस पर आज ही कोई उपाय ढूँढ़िये। नहीं तो हम आपके कान काट के आपके सर पर चिपकायेंगे और नाक में हाथी की सूँड सिलाके पूरी नगरी में घुमायेंगे।

[विदूषक खुशी से तालियाँ बजाता है।]

प्रधान : *(दमा यकायक चला जाता है)* नहीं-नहीं। मैं तरकीब निकालता हूँ। *(ज़ोर-ज़ोर से सिर खुजाने लगता है।)*

राजा : कौन है उधर? सभी मन्त्रियों को भी बुलाइये और कहिए कि खेलते समय राजपुत्र के पैर नये सूरज के प्रकाश से जलते हैं, उस पर जल्द-से-जल्द उपाय ढूँढ़िये। नहीं तो लड़कियों की पोशाक पहन कर पूरे राज्य में घूमने की सजा मिलेगी।

[विदूषक जाता है। फिर संगीत के ताल पर एक कतार में वह लड़कियाँ या लड़कियों की पोशाक में लड़के आते हैं और चले जाते हैं। हरेक के सिर पर साफा और नाक के नीचे मूँछ! चेहरे पर लाज-शरम, दुख के भाव। पीछे-पीछे विदूषक आता है। मजे में घूमता है और पीछे खड़ा रहता है।]

राजा : मन्त्रियों को कोई तरकीब नहीं सूझी। अब प्रधान जी

कम-से-कम आप तो? या बुलवाऊँ राज्य के दर्जी को? *(हाथ से नाक में टाँके लगाने का अभिनय करता है)*

प्रधानजी : नहीं-नहीं—! *(एकदम याद आता है।)* मैं बताता हूँ। आकाश में मण्डप बनाया जाये जिससे कि सूरज की रोशनी उसकी छत पर पड़ेगी और ज़मीन नहीं तपेगी। खर्चा ज़रा अधिक होगा लेकिन...

राजा : ठीक है। ठीक है। कौन है उधर? गृहनिर्माण प्रमुख को बताइए और जितने भी बोरे, टाट, कपड़ा, तख्त-पोश जो कुछ भी मिले खरीद लीजिए और पूरे आकाश में मण्डप बनाइए। जल्द-से-जल्द यह काम होना चाहिए, नहीं तो पूरे राज्य में एक पाँव पर चलने की सजा मिलेगी।

[विदूषक दौड़ते हुए अन्दर जाता है। संगीत के ताल पर गृहनिर्माण प्रमुख एक पाँव पर चलते हुए आता है। गर्दन नीचे झुकी हुई।]

गृहनिर्माण : *(प्रेक्षकों से)* एक पाँव पर चलते-चलते पैर टूटने की नौबत आ गयी। लेकिन क्या करें। सभी बाँस ख़त्म हुए। टाट ख़त्म हुए। बोरे ख़त्म हुए। काम करने वाले लोग भी ख़त्म हुए, लेकिन यह आसमान ख़त्म होने से रहा।

[वैसे ही एक पाँव पर चलते हुए अन्दर चला जाता है। विदूषक ज़ोर-ज़ोर से हँस रहा है। हँस-हँस के उसके पेट में बल पड़ जाते हैं। वह भी थोड़ी दूर उसके पीछे एक पाँव पर उछलते हुए जाता है। फिर रुक जाता है।]

राजा : प्रधानजी। मण्डप नहीं बन रहा। अब क्या किया जाये। जल्दी बताइए। नहीं तो—

प्रधानजी : *(ज़ोर-ज़ोर से सिर खुजा रहा है। फिर यकायक)* महाराज। सूझी। तरकीब सूझी। रामबाण तरकीब सूझी।

राजा : कौन-सी?

प्रधानजी : नहीं, सूझी नहीं। लेकिन सूझेगी। *(सिर खुजा रहा है।)* हँ! महाराज! पानी के बड़े-बड़े पाइप तैयार करके उससे खस के शीतल जल का फौवारा सूरज पर चारों ओर से छोड़ा जाय। फिर वह शान्त हो जायेगा।

राजा : ठीक है। कौन है उधर? जल प्रमुख को बतायें कि पानी के बड़े-बड़े पाइप तैयार करें और सारा पानी खस का बनाकर उसे पाइप से सूरज पर फेंकते रहिए। जब तक सूरज पर ठण्डा नहीं होता, पानी फेंकते रहिए।

[विदूषक अन्दर भागता है। संगीत की लय पर कुछ प्रजाजन एक कतार में धीमी गति से कदम नापते हुए रंगमंच पर आते हैं। सर पर और गले में स्कार्फ लपेटे हुए। सब ठण्ड से ठिठुर रहे हैं। सभी एक साथ छींकते हैं।]

सूरज तप रहा है ऊपर
आओ पानी मारें उस पर
(छींकते हैं)
आओ पानी मारें उस पर
आये वो नीचे धरती पर
बदन काँपने लगा है थरथर—
(छीकते हैं)
सूरज ठण्डा नहीं होता
दूर वो आसमान में
सर्दी बुखार हुआ जो
कड़वी दवा खानी पड़े हमें—
महाराज करते हैं हुक्म
प्रधानजी में नहीं है दम
(सिर से कुछ नहीं का अभिनय)
सजा बनाये कुछ भी कुछ पल
आओ पानी मारें सूरज पर—

[सभी गाना गाते हुए, छींकते हुए अन्दर जाते हैं। अकेला विदूषक जो अब तक उनके साथ नाच रहा था रंगमंच पर रह जाता है।]

राजा : प्रधानजी—

प्रधान : *(सिर खुजा रहा है। ज़ोर से सोच रहा है।)* महाराज! ठहरिये। देखता हूँ दूसरी कोई तरकीब सूझती है या नहीं।

राजा : जल्दी—

प्रधान : जी हाँ *(फिर सोचने का प्रयास)*

राजा : प्रधान जी!

प्रधान : मर गया। *(गलती सुधार के)* नहीं—बताता हूँ। सूझी!

[इसी बीच विदूषक राजपुत्र के मुँह से दुशाला बाहर खींचता है। राजपुत्र फिर से रोने लगता है। जल्दी-जल्दी में विदूषक राजपुत्र की ही पाँचों उँगलियाँ उसी के मुँह में ठूँसता है। राजपुत्र चुप।]

महाराज तरकीब सूझी। सेनापति को बुलाइये।

[विदूषक दौड़ते हुए अन्दर जाता है। लेकिन वैसे ही लड़खड़ाते हुए वापस आता है। कपड़े अस्त-व्यस्त। पीछे से कई ज़ोर-ज़ोर की आवाज़ें। एक हाथ से तलवार चलाते हुए और मुँह से बैण्ड बजाते हुए सेनापति का आगमन।]

सेनापति : कमर कसके तैयार हो जाओ। भूल जाओ अपना घर बार! बोलो हरहर महादेव! ठिन्-ठिन्। ठयाँ-ठयाँ। ठो-ठो—

राजा : *(चिल्लाकर)* सेनापति।

सेनापति : *(प्रयास से खुद को सँभालकर हाँफते हुए)* महाराज, बन्दा तैयार है लड़ाई के लिए। बताइये किसका कचूमर निकालना है, किसका भरता बनाना है। ठिंग-ठिंग, ठयाँ-ठयाँ, ठो-ठो—

राजा : प्रधान जी बताइये।

प्रधान : बताता हूँ।

राजा : सेनापति—

[सेनापति काल्पनिक लड़ाई की मुद्रा में।]

सेनापति—

(सेनापति का बिल्कुल ध्यान नहीं।)

से-ना-प-ति—! *(उसको पकड़कर उसे सीधा खड़ा करता है)* प्रधान जी जो बता रहे हैं वैसे कीजिए।

प्रधान : राज्य की सारी तोपें सूरज पर चलाइये। सूरज नष्ट होने तक रुकिये मत। सभी गोला बारूद इस्तेमाल कीजिए लेकिन सूरज नष्ट होना चाहिए।

सेनापति : धड़ाम धूम...ठीक है—ये मैं निकला...धाड़ धड़ाम...धूम...

[लड़ाई का अभिनय करते हुए ही अन्दर जाता है। अन्दर से किस्म-किस्म की आवाज़ें आने लगती हैं। रंगमंच पर प्रकाश आता-जाता है। राजा, प्रधान, विदूषक, रानियाँ सभी काँपने लगते हैं, लड़खड़ाते हैं। एक-दूसरे पर गिर पड़ते हैं। अन्दर चीख-पुकार, कोलाहल–संगीत की लय पर अन्दर से एक-एक आदमी लड़खड़ाते हुए गिरते-पड़ते रंगमंच पर आता है और गिर जाता है। किसी के हाथ में एक भाप की नली भी मंच पर आती है। अन्त में सेनापति आता है। गिरते, पड़ते, लड़खड़ाते–और राजा के पैर कसकर पकड़ता है–काँप रहा है।]

राजा : स-स-सेनापति...

सेनापति : म-म-महाराज! क-क-कितना बड़ा तड़ाखा न-न-नहीं धड़ाका। ड-ड-डर लगा। स-स-सभी गोले नीचे ही आ रहे थे। स-स-सूरज पर एक भी नहीं पहुँचा। म-म-मकान ढह गये। आदमी जख्मी हो गये। ग-ग-गाँव में आग लग गयी। और सूरज वैसे का वैसा। अ ब ब...

राजा : *(मुट्ठियाँ कसकर, दाँत पीसकर)* प्रधान जी–

[आगे की बात समझकर प्रधान भागने लगता है। पीछे-पीछे राजा। उसके पीछे सेनापति और विदूषक, उनके पीछे बाकी लोग। रंगमंच पर सिर्फ़ अकेला राजपुत्र बाकी है। पाँचों उँगलियाँ मुँह में डाले रुआँसी सूरत बनाये बैठा है। फिर वह भी रोते हुए उनके पीछे जाता है। फिर एक आदमी रंगमंच पर आता है। इसका नाम शिदबा। मैले, फटे कपड़े। बगल में या पीठ पर एक गठरी।]

शिदबा : *(प्रेक्षकों से)* मैं इस राज्य का नहीं हूँ। अपने देश में धन्धा चला नहीं तो वहाँ से निकला और घूमते-घामते इस राज्य में आ पहुँचा। लेकिन यहाँ तो कुछ अलग ही मामला है। नहीं-नहीं–यहाँ रहने में कोई फायदा नहीं। यहाँ के सभी लोग नंगे पाँव। चलो दूसरे राज्य में ही चलते हैं।

[चलने लगता है। इतने में दो सैनिक दौड़ते हुए आते हैं और उसे पकड़ते हैं।]

सैनिक-1 : पकड़ो-पकड़ो।

सैनिक-2 : पकड़ो–

सैनिक-1 : यह कोई दूसरे राज्य का जासूस लगता है।

सैनिक-2 : हाँ बिल्कुल! यहाँ की खबर निकालने आया होगा।

सैनिक-1 : हमारे सेनापति का हुक्म है कि इस अँधेर नगरी में कोई जासूस मिले तो उसे बिना कुछ पूछताछ किये तोप से उड़ा दिया जाये।

सैनिक-2 : तो फिर इस जासूस को तोप के मुँह से बाँध दिया जाये।

सैनिक-1 : वो देखो। तोप का मुँह ही गिरा है उधर।

सैनिक-2 : अरे हाँ। तो फिर काम बन गया। अबे जासूस चल आ इधर।

शिवबा : लेकिन सैनिकसाब मैं जासूस-वासूस नहीं हूँ।

सैनिक-1 : चुप! जासूस नहीं तो चोर होंगे।

शिदबा : मैं चोर भी नहीं हूँ।

सैनिक-2 : लेकिन कोई तो होगे न। फिर क्या? चलो, खड़े रहो तोप के सामने। हाँ बाँधो इसे।

[दोनों दुशाले से उसे नली के मुँह पर बाँध देते हैं।]

सैनिक-1 : हाँ अब तुम्हें हम तोप से उड़ा देंगे।

शिदबा : लेकिन मैंने क्या किया है?

सैनिक-2 : वो हम कुछ नहीं जानते। और पूछने की रीति भी नहीं है हमारे राज्य में यहाँ पहले सजा, फिर पूछताछ।

सैनिक-1 : कैसे गेंद की तरह उछलेगा आसमान में।

सैनिक-2 : वाह रे वाह रे। कैसी सुन्दर गेंद रे।

सैनिक-1 : चलो इसे भी सूरज पर उड़ा देते हैं।

सैनिक-2 : फिर तो सूरज और भी गरम होगा।

सैनिक-1 : लेकिन अब प्रधानजी की कोई खैरियत नहीं।

सैनिक-2 : उनका तो अन्तिम समय आ गया समझो। महाराज कितने गुस्सा हो गये हैं उन पर और सेनापति पर। एक बार हाथ तो लगने दो।

सैनिक-1 : महाराज ने उनका काम करने वाले को दस हजार सुवर्ण मुद्राओं का पुरस्कार घोषित किया है।

सैनिक-2 : दस हजार यानी कितना?

सैनिक-1 : यानी एक, उस पर चार शून्य।

शिदबा : *(मुँह में पानी भर आता है।)* एक पर चार शून्य?

सैनिक-2 : अरे तुम चुप रहो रे! तुम्हें क्या करना है?

सैनिक-1 : थोड़ी ही देर में हमारी इस तोप से धड़ाम से आवाज़ आयेगी और तुम ऊँचे आसमान में कहीं ऊपर-ऊपर जाते रहोगे।

सैनिक-2 : देखो, कहीं सूरज हाथ लगता है, तो हमारा भी काम हो जायेगा। इतनी तोपें चलायीं लेकिन सूरज पर एक खरोंच तक नहीं आयी।

सैनिक-1 : अब उसका बन्दोबस्त कैसे करेंगे?

शिदबा : बन्दोबस्त? किसका? सूरज का?

सैनिक-2 : हाँ-हाँ। सूरज का। आजकल वो नया उगने लगा है न। खेलते समय पाँव जलते हैं हमारे राजपुत्र के। सब परेशान हैं।

शिदबा : पैर जलते हैं इसलिए?

सैनिक-1 : अबे बार-बार क्या वही पूछ रहे हो अनाड़ी की तरह? धूप में पैर नहीं जलेंगे?

सैनिक-2 : और फिर खेलना हो तो घोड़े पर बैठकर थोड़े ही खेला जाता है?

सैनिक-1 : वो आसमान में मण्डप लग जाता न तो अच्छा होता।

सैनिक-2 : कम से कम पानी के फौवारों से सूरज शान्त होता है तो भी चलता। लेकिन हाय रे किस्मत।

शिदबा : पानी के फौवारों से सूरज ठण्डा होने वाला था?

सैनिक-1 : ए गधे, एक बार तुमसे कहा है न चुप बैठो। तुम्हें बेकार में फिकर है।

शिदबा : *(छूटने की कोशिश करते हुए)* क्या पुरस्कार बताया आपने? दस हजार स्वर्ण मुद्रायें?

सैनिक-2 : जी हाँ। ठीक खड़े रहो। *(पहले सैनिक से)* भरो बारूद और जलाओ बाती। चलो हो जाने दो काम।

सैनिक-1 : हाँ चलो।

शिदबा : ठहरो। मैं करता हूँ काम।

सैनिक-2 : काम? कौन-सा काम?

शिदबा : मैं ऐसी तरकीब बताता हूँ जिससे राजपुत्र के पैर नहीं जलेंगे। मैं सूरज का बन्दोबस्त करता हूँ।

सैनिक-1 : तुम? ये फटीचर आदमी क्या सूरज का बन्दोबस्त करेगा?

शिदबा : *(चुलबुलाते हुए)* मुझे पहले महाराज के पास तो ले चलो। पहले ले चलो। कह जो रहा हूँ, ले लो। मैं बिनती करता हूँ ले चलो।

सैनिक-2 : ये आदमी भी एक मुसीबत है। ठीक है इतना कह ही रहा है तो ले चलते हैं। देखते हैं क्या करता है।

सैनिक-1 : हाँ हाँ, चलो देखते हैं।

[उसको छुड़ाकर एक दिशा में ले जाते हैं। दूसरी ओर से प्रधान, पीछे सेनापति नाचते हुए आते हैं। उनके पीछे उनका नाच देखते हुए राजवैद्य, विदूषक आदि आते हैं। सबसे पीछे राजपुत्र। सिर पर राजा का बड़ा-सा साफा है। राजा सेनापति और प्रधानजी को अलग-अलग आदेश देता है। जैसे गोल-गोल फिरना कोई खेल खेलना आदि। दोनों उसके कहे अनुसार कर रहे हैं। इतने में दो सैनिक शिदबा को पकड़ के भागते हुए आते हैं।]

दोनों सैनिक : महाराज तरकीब। महाराज तरकीब। *(दोनों हाँफ रहे हैं।)*

राजा : तरकीब? कैसी तरकीब? सीधी तरह बताओ, नहीं तो पैर के अँगूठे पकड़ के खड़े रहने की सजा सुनाऊँगा। हाँ क्या बात है?

सैनिक-1 : हमारा कुछ नहीं महाराज।–इसी का है यानी इसके पास तरकीब है सूरज के बन्दोबस्त की। वो अपने पुरस्कार–

राजा : इसके पास? ठीक है। प्रधान जी, सेनापति आप ज़रा विश्राम कीजिए। क्यों रे क्या तरकीब है तुम्हारे पास सूरज के बन्दोबस्त की? जल्दी बताओ। झूठ बताओगे तो हज़ार बार छलाँग लगाने के लिए कहूँगा।

[विदूषक साफा उठाता है तो राजपुत्र के रोने की आवाज़ आती है। विदूषक जल्दी-जल्दी साफा राजपुत्र के सर पर रखता है।]

राजा : बताओ। जल्दी।

शिदबा : देखिए। मुझे डराइए मत। पहले ही, ये मुझे तोप से उड़ाने वाले थे। तब से मेरी जान ठिकाने पर नहीं और ऊपर से आप चिल्लायेंगे तो...

राजा : *(चिल्ला के)* ठीक है। नहीं चिल्लाते। *(आवाज़ बदल कर)* लेकिन तरकीब तो बताओ।

शिदबा : पहले आप सब आँखें बन्द कीजिए।

[सब आँखें बन्द करते हैं। शिदबा गठरी उतार कर खोलता है और उसमें से बड़े प्रयास से जूतों की एक जोड़ी निकालता है।]

शिदबा : ये देखिए। सूरज के बन्दोबस्त का उपाय! *(फटे जूते दिखाता है।)*

राजा : *(गुस्सा होकर)* इतने बड़े सूरज के लिए ये इतना-सा उपाय? तोतों की बौछार के आगे जो नहीं डगमगाया वो क्या इस मामूली चीज़ के आगे झुकेगा?

शिदबा : हाँ हाँ ज़रूर झुकेगा। *(राजपुत्र के पैरों में जूते चढ़ाता है।)* जाइए। बेशक घूम के आइए धूप में।

[राजपुत्र जूतों सहित पैर खींचते हुए जाता है। आते समय जूते सर पर लेकर उछलते-कूदते आता है।]

राजपुत्र : *(उछलते-कूदते, तालियाँ बजाते)* सूरज हार गया, सूरज हार गया। हमारे पैर अब नहीं जलते। हम खूब खूब खेलेंगे। नाचेंगे, कूदेंगे।

[सभी उसी ताल पर नाचने लगते हैं। इतने में राजा चालाकी से राजपुत्र के हाथों से जूते छीनता है और खुद पहनने के लिए एक चक्कर काटता है। चेहरे पर अचरज का भाव।]

राजा : कमाल है। क्या अकल। क्या होशियारी। वा वा। वा वा। क्यों जी। आपका नाम क्या है?

शिदबा : मुझे शिदबा चमार कहते हैं। मैं दूर के दूसरे देश का। धन्धा ठप हो गया तो इधर आ गया।

राजा : अच्छा हुआ, जो आप हमारे देश में पधारे। हमारी अँधेर नगरी का भाग्य ही बड़ा। क्या होशियारी। क्या अकल। वा वा। आपकी इस चीज को क्या कहते हैं जी?

शिदबा : इसे...। इसे जूता कहते हैं।

राजा : वा वा। कल से ही हमारे राज्य में इसके कारखाने शुरू करने का आर्डर देता हूँ। वा वा क्या होशियारी है। नहीं तो हमारे ये प्रधान जी।

[प्रधान जी दमे से बेहाल होते हैं।]

आज से हमने आपको प्रधान पद से हटा दिया है। आप ऐसी अच्छी-अच्छी चीज़ें—जूते बनाइए। और आप—क्या नाम बताया? हाँ हाँ शिदबा चमार...आप आज से हमारे प्रधान हैं।

[अन्दर से 'शिदबा चमार की जय' की घोषणा। तुरही की आवाज़। राजा शिदबा के सिर पर प्रधान का मुकुट रखता है और प्रधान की सफेद दाढ़ी उतार के चमार को लगा देता है। फिर नाचते-नाचते चला जाता है। पीछे-पीछे राजपुत्र। शिदबा एकदम कार्टून लग रहा है।]

सेनापति : नये प्रधान जी! क्या आज्ञा है?

शिदबा : *(प्रधान की तरह रोब जमाने का प्रयास करते हुए।)* सेनापति आज से बेकार पूछताछ करने वाले को सभी साष्टांग प्रणाम करें। मैंने बेकार में पूछताछ की इसीलिए प्रधान बना।

[सेनापति ज़ोरदार सलाम करता है। जाता है। बाकी सभी जाते हैं। रंगमंच पर अकेला चमार बाकी है।]

शिदबा : *(दाढ़ी हटाते हुए आँखें झपकाते हुए प्रेक्षकों से)* अजी किसी को बताना मत अपना भेद। वास्तव में जूतों की खोज मेरी नहीं है। जूते तो आपके पैर में भी हैं, देखिए न! लेकिन—

अँधेर नगरी, चौपट राजा
हमें फायदा, आपको मज़ा।

[यही वाक्य एक लय में दुहराते हुए चला जाता है।]

(परदा गिरता है।)

काशा ताशेवाला

[लड़का-1 नकली आग के सामने बैठकर ताशा गरम कर रहा है। यह काशा ताशेवाला। टोपी गर्दन के सिरे तक पीछे लगी हुई और आगे के बाल बिखरे हुए।]

लड़का-1 : *(प्रेक्षकों से)* मैं काशा ताशेवाला। मेरे जैसा ताशा आसपास के दस गाँवों में कोई नहीं बजाता। क्योंकि किसी के पास ताशा है ही नहीं। कहीं शादी-ब्याह हो तो ताशा बजाने वाला मैं। अभी मैं ताशा गरम कर रहा हूँ। आज पटेल की लड़की की शादी है। रात बारात निकलने वाली है। ऐसा ज़ोरदार ताशा बजाऊँगा कि सुनने वाले के कान के परदे फट जायें। बहुत दिनों में इधर गाँव में किसी की शादी नहीं हुई। आखिरी शादी हुई गणपत बनिये की दूकान के चिउँटा चिउँटी की। उसकी दूकान में होते हैं शक्कर के बोरे। उनको चिपकते हैं चिउँटे, वे लाते हैं चिउँटियाँ। लेकिन यह गणपत बनिया बहुत ही अच्छा आदमी है। उसने पाला एक चिउँटा। उसके लिए ढूँढ़ी एक चिउँटी और कर दी धूमधाम से शादी। दो चूहों की गाड़ी में बारात निकली थी। मैंने ही इन हाथों से ताशा पीटा था। कड़ा-कड़-धूम कड़ा-कड़-धूम कड़धूम कड़धूम —गणपत बनिया जो बहरा बना वो उसी समय। अभी 'शक्कर क्या भाव' पूछो तो कहता है 'गणपत बनिया'। *(छूटने वाली हँसी मुँह पर हाथ रखकर जबरदस्ती रोकता है।)* उसके बाद अब यह पटेल की शादी। *(आग की आँच से 'ओय' करते हुए।)* नहीं नहीं, पटेल की लड़की

की शादी। गडबड गाँव के गप्पीदास गोलगप्पे नाम के आदमी के चाचा के भतीजे के चचेरे भाई के चचेरे... *(वह झंझट छोड़ देता है।)* जाने दीजिए। संक्षेप में हमारे गाँव के पम्पू पवार ही के साथ। पम्पू हर रात बाघानाथ के पहाड़ पर जाके बैठता था, यह देखने के लिए कि रात कैसे ख़त्म होती है और दिन कैसे निकलता है। और ये जनाब रात ख़त्म होने से पाँच मिनट पहले ही सो जाते और उठते दिन निकलने पर एक घण्टे बाद। सो रात ख़त्म होते समय उसे कुछ दिखाई नहीं देता था और दिन निकलने के समय यह खर्राटे भरता रहता। इधर बाघनाथ के पहाड़ पर रहता है एक बाघ। तो पटेल ने सोचा एक न एक दिन बाघ पम्पू को खाने वाला है ही तो क्यूँ न अपनी बेटी से उसका ब्याह रचाये? पटेल ने पम्पू से पूछा। पम्पू ने बाघ से पूछा। वैसे बाघ भी हमारे ही गाँव का। तो वो बोला, 'कल ही मैंने एक भेड़ मारी है। फिलहाल तो मुझे भूख नहीं। पेट तो एकदम फूल गया है। उठना भी मुश्किल, बैठना भी मुश्किल। तो पम्पू तुम आराम से शादी करो।' तो पम्पू ने शादी के लिए हाँ कर दी। वही आज की शादी और उसी के लिए–*(याद आने पर जल्दी-जल्दी ताशा गरम करने लगता है। झूठमूठ के अंगारों को मुँह से हवा देने लगता है। धुआँ और खाक आँखों में जाने से आँखें मलता है।)* –ताशा पहले अच्छी तरह गरम करना चाहिए।

[लड़का-2 आता है। कपड़े चित्रविचित्र। यह नाव्या बहुरूपिया। स्वभाव से एकदम मज़ाकिया।]

लड़का-2 : क्यूँ ताशा काशेवाले, काशा गरम कर रहे हो?

लड़का-1 : नहीं ताशा गरम कर रहा हूँ।

लड़का-2 : वही तो मैंने कहा। क्यों गरम कर रहे हो? ठण्ड लग रही है।

लड़का-1 : नहीं।

लड़का-2 : फिर? गरम हो रहा है?

लड़का-1 : गरम हो रहा हो तो और कौन गरम करेगा?

लड़का-2 : आप ही ने तो कहा ठण्ड नहीं लग रही तो...

लड़का-1 : अजी, अंगारों पर गरम कर रहा हूँ, जिससे ज़ोर से बजे।

लड़का-2 : वो किस लिए?

लड़का-1 : आज रात पटेल की लड़की की बारात जो है।

लड़का-2 : अच्छा अच्छा। और शादी?

लड़का-1 : शादी दोपहर।

लड़का-2 : कब परसों दोपहर?

लड़का-1 : अजी बारात आज तो शादी परसों दोपहर कैसे होगी?

लड़का-2 : अच्छा अच्छा। सुना है शहर से बैण्ड लाने वाले हैं बरात के लिए।

लड़का-1 : तो फिर आसमान से दीये भी लाने वाले होंगे। और रूमशाम का घोड़ा दूल्हा-दुल्हन को बैठने के लिए। वाह नारायणराव। हमारे पटेल जी क्या आटपाट नगरी के राजा हैं?

लड़का-2 : प्राइवेट बात बताऊँ? बस आपके और हमारे बीच रखना। असल में राजा तो मैं ही हूँ और पटेल सेनापति। आह प्रधान होना चाहते हो तो बताओ। करे देते हैं नियुक्ति!

लड़का-1 : फिर ताशा कौन बजायेगा?

लड़का-2 : उसकी क्या ज़रूरत है। मुझे आता है मुँह से बजाना। ये देखो। *(मुँह से 'ताशा' जैसी आवाज़ निकालता है।)* अच्छा एक बीड़ी दे दो। अब मैं चलता हूँ। मेरी शादी है इस साल। ढूँढ़ रहा हूँ दुल्हन। *(मुँह से आवाज़ करता है और उसी ताल में आगे नाचते हुए गाने लगता है।)*

लड्डू बनाये बारा

उसमें चूहे खाये ग्यारा
'आया' पंडित बोले
उनका पेट आज ही फूले
दो घोड़ों की गाड़ी
हौले हौले डोले
उस पर एक माला
पर पहिया ढूँढ़े न मिले
अब आप ही ढूँढ़ो दुल्हन

मेरे लिए
आप ही ढूँढ़ो दुल्हन
अब आप ही...

[बीच में ही रुककर बीड़ी लेता है और 'राम-राम' कहके चला जाता है।]

लड़का-1 : *(प्रेक्षकों से)* यह नाव्या बहुरूपिया। बड़ा ही मज़ाकिया आदमी। सोते हुए भी मनोरंजन करेगा। गाँव के सभी बच्चे इससे एकदम खुश! ज़रा पागल लगता है, लेकिन पागल नहीं है। आदमी है बहुत चालाक। उसको अच्छी तरह मालूम है कि दूसरों को हम पसन्द आयें तो बिन माँगे ही सब कुछ मिल जाता है। ...शहर से बैण्ड लाने वाले हैं क्या? जाके कहो, इस काशा के घनचक्कर ताशे बिना गाँव में कोई शादी नहीं बनेगी। और यह तो पटेल की शादी...नहीं, नहीं पटेल की बेटी की शादी। *(हँसता है)* यह नाव्या भी क्या अजीब आदमी है।

[लड़का-3 पटेल की झूठमूठ की गाड़ी चलाते हुए, घुँघरू बजाते हुए आता है। घुँघरू सचमुच के हैं। यह पटेल का नौकर संभा। उसके पीछे एक नाटा लड़का (लड़का-4) हाथ और पैर दोनों ज़मीन पर टिकाये हुए कुत्ते की तरह चलते हुए आता है। उसकी जीभ बाहर निकली हुई है उससे पता चलता है कि यह कुत्ता है। दोनों ही रंगमंच को लाँघ कर जा रहे हैं, बिना रुके।]

लड़का-1 : नमस्कार संभाजीराव।

[दोनों चले ही जा रहे हैं।]

अबे ऐ सांभा–

[लड़का-3 फट से रुकता है और मुड़के घूर के देखने लगता है। लड़का-4 ज़रा आगे जाकर पीछे रुका हुआ।]

लड़का-3 : तो फिर ऐसा बोलो न। *(झूठमूठ की बैलगाड़ी से होशिहारी से छलाँग लगाता है।)* मैंने सोचा ये कौन संभाजीराव बोला! नमस्कार ताशे वाले। क्या ताशा गरम कर रहे हो?

[लड़का-4 कुत्ते की तरह बैठ जाता है। बैठे-बैठे शरीर पर की मक्खियाँ उड़ा रहा है।]

लड़का-1 : हाँ रात में बारात जो है। तुम किधर निकले हो?

लड़का-3 : मैं चला शहर की ओर। मालिक का आर्डर है बारात के लिए बैण्ड लाने का। अजी वो ज़रीवाले कपड़े पहने, ऐसे रोब में कदम नापते हुए चलते हैं और पीं-पीं करते हैं न, वही। मालिक बोले गाड़ी में डालो और लेके आओ। जाता हूँ। राम-राम... *(उठता है, जाता है।)*

[लड़का-4 उठकर झट से कुत्ते की तरह खड़ा होता है।]

लड़का-1 : संभाजीराव।

[लेकिन वह रुकता नहीं। नकली गाड़ी में चढ़के बैलों को थपथपाकर चलने भी लगता है। पीछे-पीछे लड़का-4]

अबे ऐ संभ्या। अबे रुक भी जा।

[फिर एक बार लड़का-3 जाता है, साथ ही लड़का-4 भी।]

लड़का-3 : *(गाड़ी में ही बैठे हुए)* बोलो, जल्दी-जल्दी बोलो क्या कहना है।

लड़का-1 : *(उसके पास जाकर)* सच्ची में बैण्ड लाने जा रहे हो?

लड़का-3 : फिर क्या? राम कसम। लेकिन छूटी कहो—पहले छूटी कहो—कहो, कहा न?

लड़का-1 : हाँ छूटी।

लड़का-3 : हाँ, अभी कैसा।

लड़का-1 : तो पटेल ने कहा तुमसे बैण्ड लाने के लिए।

लड़का-3 : हाँ जी। *(इतने में आगे चलने वाले झूठमूठ के बैलों को नाम लेकर पुकारता है और काफी प्रयास से रोकता है।)* पटेल जी की भी बहुत इच्छा है, बेटी की शादी बाजे-गाजे के साथ ठाट-बाट से, धूमधाम से हो?

लड़का-1 : धूमधाम से? ठाट-बाट से? वैसे बारात वालों के जरीदार रंगबिरंगे कपड़े बारात में बहुत फबते हैं न। क्यूँ संभा?

लड़का-3 : हाँ बिल्कुल। क्या चमचम करते हैं। और वो टोपी। वाह

वाह! मुझे तो लगता है शादी में दूल्हा होने की बजाय बैण्डवाला ही बनूँ। क्या उसका ठाट-बाट, क्या उसका रोब। बजता भी कैसे शान से। उसके गाने भी विदेशी। वह ढोल, वह ड्रम। तुम्हारा ताशा उसकी क्या बराबरी करे। नहीं, *(लड़का-1 चुप)* क्यूँ जी, ऐसे चुप क्यों हो गये?

लड़का-1 : *(आह भरकर)* हाँ भला ताशा क्या उसकी बराबरी करे?

लड़का-3 : ये हुई न बात। बैण्ड के अबागे ताशा यानी बैण्ड बाजे के आगे पोपली। सूरज के सामने जुगनू। बार-बार वही कड़ाकड़-धम् कड़ाकड़-धम्। कान तो बिल्कुल पक जाते हैं। ताशेवाले, एक बात बताऊँ आपको? आप भी एक बैण्ड स्टार्ट करो। क्यूँ जी। पैसा भी मिलेगा, अच्छा कपड़ा भी मिलेगा। बहोत मज़ा आयेगा। *(जल्दी-जल्दी निकलने लगता है।)* जाता हूँ—ज़रा जल्दी में हूँ—रात को आओ बारात में—बैण्ड का मज़ा चखने—नमस्कार।

[लड़का-4 जो अभी तक अपनी नकली पूँछ पकड़ने के लिए कुत्ते की तरह चक्कर काट रहा है, एकदम चलने के लिए तैयार होता है। जीभ बाहर। लड़का-3 बैलों को चलने का इशारा करता है और घुँघरू बजाते हुए जाता है। पीछे-पीछे लड़का-4]

लड़का-1 : *(धीरे-धीरे आके बैठ जाता है, एकदम निराश है।)* बैण्ड के आगे ताशा यानी सूरज के आगे जुगनू। उसकी और इसकी तुलना ही नहीं हो सकती। वह रंग-बिरंगी शान-शौकत नहीं, वो विदेशी गाने नहीं वह रोब नहीं। बस बजता रहता है कड़ाकड़-धम्, कड़ाकड़-धम्। बजा, न बजा एक जैसा। *(उसे बहुत दुख हो रहा है।)* ये ऐसे कपड़े। और यह मैं। सूरज के आगे जुगनू। हँ! फिर क्यूँ जाऊँ रात बारात में? पटेल को बैण्ड चाहिए, पटेलनी को बैण्ड चाहिए। ताशा किसी को नहीं चाहिए। नहीं जाऊँगा बारात में। शादी में भी नहीं। अब से किसी भी शादी में नहीं जाऊँगा ताशा बजाने। इस जनम में नहीं। कभी नहीं। *(घुटने में मुँह छुपा के बैठा रहता है।)*

[लड़का-5 एक हाथ में लाठी लिए, एक पाँव पर चलते हुए–लँगड़ाते हुए–आता है। कपड़ों में थिगली लगी हुई। बहुत ही दुबला। एकदम गोबरगणेश। एक हाथ टेढ़ा। कुल मिलाकर 'पेंधा' का रूप। नाम बाजा। लँगड़ा और ऊपर से हकला।]

लड़का-5 : *(हकलाते हुए, इतना नहीं कि प्रेक्षक ऊब जायें।)* क क काशीनाथ पंत...त त ताशेवाले। अजी ओ ओ काशीनाथ प्पंत त त ताशे वाले। क्काशीनाथ पंत–ए ए ऐसे क्यूँ बैठे हो? मुँह छ छ छुपाके? क्या दुखता है स स सर। य य या है ब व बुखार?

लड़का-1 : *(बिना देखे हुए)* कुछ नहीं।

लड़का-5 : फ फ फिर ऐसे उम्...क्यों बैठे हो? म म मुँह छुपा के? क क कुछ तो ह ह होगा ही।

लड़का-1 : अबे ऐ लँगड़े तू जा अपने काम को।

लड़का-5 : मुझे न न नहीं है क क कुछ काम। क क कोई देता ही नहीं। म म मैं कर सकता हूँ। ब ब बोला तो ल ल लोग हँसते हैं। मुझे लँगड़ा ह ह हकला बोलते हैं। च च चिढ़ाते भी हैं। छ छ छोटे बच्चे प्पत्थर भी मारते हैं। त त तुम्हारा कोई क क काम हो तो बताओ–म म मैं *(इशारे से बताने की कोशिश करता है)* करूँगा। यानी त त तुम चाहो तो।

लड़का-1 : मुझे नहीं चाहिए। *(फिर गर्दन घुटनों में।)*

[लड़का-5 थोड़ी देर वैसे ही खड़ा है। फिर लड़का-1 से थोड़ी दूरी पर बैठ जाता है। छींक आ रही है लेकिन दबाने की कोशिश करता है फिर भी अन्त में ज़ोर-ज़ोर से छींकता है।]

लड़का-1 : तुझसे कहा न एक बार, चले जाओ।

लड़का-5 : म म सिर्फ ब ब बैठा हूँ।

लड़का-1 : किसलिए बैठा है?

लड़का-5 : च चल के उफ् इसलिए। थ थक गया–इसलिए। –उभ्–दुखते हैं...प प पैर बहोत। *(खुद ही पैर दबाने लगता है।)*

लड़का-1 : *(उसको ऐसी स्थिति में देखकर उस हालत में भी उसे हँसी आती है।)* एक तो लँगड़ा, तिस पर हकला और ऊपर से थोड़ा पगला भी। अरे लँगड़े मुझे क्या हुआ है, यह तुझे सुना के क्या फायदा?

लड़का-5 : *(उत्साह से)* म म मैं बहरा न न नहीं हूँ सिर्फ हकला हूँ। म म मैं सुन सकता हूँ।

लड़का-1 : सुनके क्या करेगा तू?

लड़का-5 : स स सुनके उम् च च चला जाऊँगा।

लड़का-1 : ईमानदार हो।—अरे आज पटेल की बारात के लिए शहर से बैण्ड लाने वाले हैं।

लड़का-5 : *(गर्दन नकारात्मक हिलाते हुए)* हँ—पटेल की नहीं—ल ल लड़की की श श शादी।

लड़का-1 : वही।

लड़का-5 : *(बड़े प्रयास से)* नहीं।

लड़का-1 : सुन रे। तो पटेल और पटेलनी की इच्छा है कि शादी एकदम ठाट-बाट से होनी चाहिए। इसलिए शहर के बैण्ड बुलाया है।

लड़का-5 : *(आवाज़ और हावभाव की मदद से बैठे-बैठे ही ड्रम ढोल आदि बजाने का अभिनय करता है।)* हँ?

लड़का-1 : हाँ, वही। *(उदास बैठा है।)*

लड़का-5 : उम् तो फिर त त तुम भी बजाओ त त ताशा।

लड़का-1 : किसलिए? बैण्ड के आगे कौन सुनेगा वह? किसको अच्छा लगेगा? मैं बिल्कुल नहीं जाने वाला आज बारात में।

लड़का-5 : *(इशारे से बता रहा है कि 'जाओ')* हँ—।

लड़का-1 : *(आह भरकर)* अरे! बैण्ड के आगे ताशा यानी सूरज के आगे जुगनू। पटेल का नौकर ही कह रहा था। और यह भी सही। फिर क्यूँ जाऊँ रात बारात में? सबको बैण्ड चाहिए। ताशा नहीं चाहिए। बैण्ड की पोशाक रंगबिरंगी जरीवाली। आवाज़ बड़ी। ऊपर से विदेशी गाने। तिस पर वह शहर का। हम तो ठहरे गँवार। वो लोग भी बहुत और मैं अकेला। सच कहूँ तो गाँव की शादी में बैण्ड बजाने का हमारा पुश्तैनी काम है। लेकिन पटेल

ने बैण्ड बुलाया। गाड़ी भेजी है लाने के लिए। तो फिर मैं क्यूँ बारात में जाके अपना मज़ाक़ उड़वाऊँ? उनको ज़रूरत नहीं तो मैं क्यूँ जाऊँ? उससे अच्छा है घर में ही बैठूँ। कोई पूछेगा तो बताऊँगा, तबीयत ठीक नहीं है। जाता हूँ। *(उठता है। धीरे-धीरे, भारी कदमों से जाने लगता है।)* नमस्कार...।

लड़का-5 : *(एकदम उठ खड़ा होता है और लँगड़ाते हुए उसके पीछे भागता है।)* अरे अरे क क काशीनाथ पंत—ताशे ऊँ वाले। *(उसको रोककर)* तुम जाओ ब ब बारात में! ब ब बजाओ ताशा। त त तुम्हारा हक है वो छ छ छोड़ो मत।

लड़का-1 : क्या छोड़ो मत, मेरा सर? तुझे कुछ नहीं समझता। अबे लँगड़े, कहते हैं बारात पीछे घोड़ा। क्या मैं वैसे बारात के पीछे-पीछे जाऊँ? अरे मेरा मन है घोड़े के आगे। मैं जाकर क्या देखूँ, वो बैण्ड को मिला है? हट्! पटेल की लड़की की शादी में बजेगा तो बस मेरा यह घनचक्कर ताशा ही। *(फिर आह भरकर)* लेकिन अब वो होने से रहा। *(जाने लगता है।)*

लड़का-5 : *(फिर पीछे से जाकर उसे रोकता है।)* उँ उँ ताशेवाले, म म मैं करके द द दिखाऊँ तो?

लड़का-1 : *(हँसकर)* तू?

लड़का-5 : *(पूरे आवेग के साथ)* हाँ हाँ मैं। त त ताशेवाले—म म मैं वैसा नहीं स स सीधा-सादा। मैं द द दिखाता हूँ क क करके। तुम नहीं ज ज जानते म म मैं क्या हूँ?

लड़का-1 : जा लँगड़े जा, अपना रास्ता पकड़। जा जा।

लड़का-5 : ल ल लगाते हो श श शर्त?

लड़का-1 : शर्त और तेरे साथ? मुझे क्या पागल समझ रहा है जो पागल के साथ शर्त लगाऊँ?

लड़का-5 : द द देखो—ह ह होगा... *(बहुत प्रयास के बाद)* पश्चात्ताप।

लड़का-1 : हाँ हाँ हुआ।

लड़का-5 : क क क्या दोगे? य य यदि मैं जीता तो।

लड़का-1 : *(मज़ाक़ से)* शादी में जितने भी लड्डू मिलेंगे सभी दूँगा।

लड़का-5 : *(तालियाँ बजाते हुए)* लड्डू! लड्डू! ब ब बहोत दिनों से ख ख खाये नहीं। *(फिर तालियाँ बजाता है।)* ज ज जाता हूँ। नमस्कार।

लड़का-1 : कहाँ जायेगा?

लड़का-5 : न न नहीं बताऊँगा। ह ह हमारा राज है। ब ब बाद में बताऊँगा। *(ज़रा ठहर के)* ल ल लेकिन तुम जाओ ब ब बारात में। ब ब बैठो मत। बाकी म म देखता हूँ। ग ग गरम करके र र रखो ताशा। ब ब बजना चाहिए न—कड़ाकड़ धम्...*(लँगड़ाते हुए लेकिन उत्साह से जाता है।)*

[लड़का-1 पीछे रहता है।]

लड़का-1 : *(प्रेक्षकों से)* लँगड़ा, हकला और बुद्धू है बेचारा, लेकिन मन से अच्छा है। लेकिन क्या फायदा? सारा गाँव मज़ाक़ उड़ाता है। दुत्कारता है इसे। लोग कहते हैं 'बाजा से कोई सवाल पूछो और जवाब सुनने आओ आराम से खाना खाकर एक झपकी लेकर।' इसकी चाल के तो क्या कहने। गाँव वाले बताते हैं एक बार इसके बाप ने इससे कहा कि चींटियों को शक्कर दे आओ। थोड़ी देर बाद बाप ने देखा तो ये फूटकर रो रहा है। बाप ने पूछा 'क्यों रे बाजा, क्यों रो रहे हो? शक्कर गिर गयी क्या?' तो बाजा रोते-रोते बोला, 'न न नहीं—च च चींटियाँ ही भ भ भाग गयीं।' ऐसा यह बाजा। ये क्या काम करेगा? लेकिन बोला है करता हूँ तो करने दो जो करना है। ये तो पक्का है कि बैण्ड आयेगा। सो बारात में न जाऊँ यही अच्छा। घर में ही रहूँ। *(आह भरकर)* बैण्ड के आगे ताशा याने सूरज के आगे जुगनू हँ—दिन ही फिरे हैं। *(झूठमूठ का ताशा उठाके जाता है।)*

[लड़का-5 जिस दिशा से गया उसकी विरुद्ध दिशा से एक पाँव पर चलते हुए स्टेज पर आता है और लड़का-1 जहाँ बैठा था वह स्थान छोड़कर दूसरी जगह बैठ जाता है।]

लड़का-5 : *(न हकलाते हुए)* अब मैं बोलते समय नहीं हकलाता

कारण मैं यह मन ही मन बोल रहा हूँ। और तुतला आदमी मन में बोलते समय हकलाता नहीं। हाँ तो मैं यहाँ गाँव से दूर, शहर के रास्ते पर आके बैठा हूँ। पटेल की गाड़ी आने वाली है बैण्डवालों को लेके। उसकी राह देख रहा हूँ। लेकिन हाय रे नाव्या। शाम हो गयी, अँधेरा छा गया फिर भी गाड़ी नहीं आयी। *(बैठा रहता है।)*

[घुँघरुओं की आवाज़ आने लगती है। आगे पटेल का नौकर यानी लड़का-3, उसकी कमीज पकड़े लड़का-6 उसी तरह एक-दूसरे की कमीज पकड़े लड़का-7, 8 और 9 भी। ये बैण्डवाले हैं। बैलगाड़ी से आ रहे हैं। बैलगाड़ी नकली है। लड़का-4 (कुत्ता) जीभ बाहर निकाले पीछे-पीछे आ रहा है। सब लोग स्टेज पर बीचोबीच रुक जाते हैं। बैण्डवालों की पोशाक जरीवाली न हो लेकिन जो भी हो एक जैसी है। स्कूल का यूनिफार्म भी चल सकता है। काउंटी टोपियाँ हों तो अधिक अच्छा।]

लड़का-6 : *(बैण्डवालों की तरह शहरी रोब जमाते हुए।)* ओ गाड़ीवाले। और कितनी दूर है आपका गाँव?

लड़का-7 : इतना अँधेरा छा गया तो भी कैसे नहीं आया अभी तक?

लड़का-8 : गाड़ीवाले, क्या रास्ते में दीये भी नहीं हैं। लगता है आपके गाँव में इलेक्ट्रिसिटी भी नहीं है।

लड़का-9 : और आपके पटेलजी के पास एकाध 'कार' भी नहीं? यानी मोटरगाड़ी? बैलगाड़ी वाला आपका पटेल...

लड़का-6 : यानी बैल ही! *(सभी हँसते हैं।)*

लड़का-7 : एक तो बैल ऊपर से उसे चाहिए शादी में बैण्ड! *(फिर सभी हँसते हैं।)*

लड़का-8 : लड़की की शादी तो आदमी के साथ ही करा रहा है न। नहीं तो होगा कोई *(बैल की तरह रंभाता है। सभी हँसते हैं।)*

लड़का-7 : हमारे पैसे तो पूरे देगा न। नहीं तो उसके पास उतने भी पैसे नहीं होंगे।

लड़का-6 : *(नाक भौं सिकोड़ कर)* ये विलेज पीपुल यानी एकदम गँवार आदमी।

लड़का-7 : हाँ। और हमारे विदेशी गाने? वो क्या आपके पटेल और गाँववालों की समझ में आयेंगे?

लड़का-8 : बन्दर क्या जाने अदरक का स्वाद!

लड़का-9 : रहने दो। देखते हैं कैसे होती है इन गँवार लोगों में शादी। ओ गाड़ीवाले ज़रा जल्दी चलो। अँधेरा बढ़ने लगा है। *(कुत्ते से)* ए हट्‌ हट्‌! *(लड़का-4 पीछे की ओर दूर भागता है।)* पता नहीं कब से पीछे पड़ा है? कुत्ता भी क्या है वो! नहीं तो शहर के कुत्ते कितने फैशनेबुल! चलो गाड़ीवाले।

[सब स्टेज पर गोल-गोल घूमने लगते हैं। बैलगाड़ी सच्ची नहीं है लेकिन घुँघरू सच्चे हैं। पीछे-पीछे लड़का-4 (कुत्ता) घूम रहा है। थोड़ी देर बाद सभी फिर पहली जगह आकर रुक जाते हैं।]

लड़का-6 : अब तक कैसे नहीं आया आपका गाँव? और ये गाड़ी भी क्या एकदम खटारा है। बदन तो टूट गया सारा।

लड़का-7 : आँखें फाड़के देखो तो भी कुछ दिखाई नहीं देता। क्यों जी आपकी गाड़ी में लाइट-वाइट कुछ नहीं?

लड़का-8 : लाइट! शुकर समझो कि पहिये हैं।

लड़का-9 : हँऽऽ! बेकार में आ गये जान खतरे में डाले। शहर में कैसे-कैसे पेट्रोमैक्स होते हैं बारात के साथ।

लड़का-8 : लगता है ये पटेल लालटेन लायेगा बारात में। *(सभी हँसते हैं और यकायक रुक जाते हैं।)* अरे कौन चीखा?

लड़का-7 : कौन? कहाँ—कोई तो नहीं।

लड़का-6 : मैंने सुना।

लड़का-7 : सच कह रहे हो।

लड़का-8 : हाँ मैंने भी सुना।

लड़का-9 : *(सुनकर)* बाप रे। मेरे तो रोंगटे खड़े हुए। नहीं यानी मैं 'वो' नहीं लेकिन...

लड़का-8 : *(कुछ सुनने का प्रयास कर)* फिर कोई नहीं।

लड़का-7 : दीया भी नहीं है। *(एकदम)* वो देखो। बाघ की आवाज़।

लड़का-6 : बाघ नहीं—शेर—फिल्लमवाला।

लड़का-3 : अजी ये तो सियार है।

लड़का-9 : *(डर के)* सियार? यानी सचमुच का।

लड़का-8 : इसाप की कहानी वाला।

लड़का-7 : *(लड़का-8 को चिपकाते हुए)* सुना है बहुत चालाक होता है।

लड़का-6 : वो देखो—फिर कोई चिल्लाया।

लड़का-7 : तिस पर ये अँधेरा। ओ गाड़ीवाले एकाध टार्च-वार्च नहीं है आपके पास? *(वह नहीं कहता है।)* कैसे होगा? आप ठहरे गँवार आदमी। अँधेरे में टार्च पास रखना चाहिए। पहले कम-से-कम ये समझना तो चाहिए।

लड़का-8 : अब क्या होगा, कुछ समझता नहीं।

लड़का-7 : बेकार में आ गये। क्या वो ऐरे गैरे पटेल की फटीचर लड़की की शादी और उसे चाहिए बैण्ड! वाह रे!

लड़का-6 : चलो वापस ही चलते हैं। मुझे, नहीं यानी वैसे ज़्यादा नहीं—लेकिन थोड़ा डर लग रहा है मुझे।

लड़का-7 : गाड़ीवाले। क्या चारमीनार, पीला हाथी, डीलक्स, कुछ है आपके पास?

लड़का-3 : बीड़ी है।

लड़का-6 : *(चीखते हुए)* बीड़ी?

लड़का-7 : चिलम नहीं क्या? कहता है बीड़ी है। अजी मैं तो ठिठुरने लगा हूँ।

लड़का-8 : बहुत ही अँधेरा हुआ है। आँखों में उँगली डाल के भी कुछ दिखाई नहीं देता।

लड़का-3 : अभी आप लोगों ने ही निकलने में देर कर दी तो मैं क्या करूँ? मैं तो बार-बार कहे जा रहा था। चलो जल्दी चलो। अँधेरा होगा। लेकिन...

लड़का-9 : वा वा बहुत होशियार हो जनाब! अजी बालों को सेट किये बिना मैं घर से भी बाहर नहीं निकलता अब क्या गाँव के बाहर निकलूँ?

लड़का-8 : मुझे तो हर रोज़ दो बार दाढ़ी बनानी होती है।

लड़का-7 : मेरी टोपी का कोना ही ठीक नहीं बन रहा था। मैं क्या वैसे ही चलूँ बुद्धू की तरह बैण्ड बजाने?

लड़का-6 : मेरे कोट की जरी निकली थी। वो लगानी पड़ी।

लड़का-9 : और मेरी कंघी नहीं मिल रही थी। *(जेब से कंघी निकालता है। बालों पर फिरा के फिर जेब में रखता है।)*

लड़का-8 : उस पर मेरे एक बूट का पॉलिश उखड़ गया था। वो करना पड़ा।

लड़का-7 : मैंने अपनी पतलून पर ज़रा-सी इस्त्री फिरायी। नहीं तो सिलवटें पड़ी हों तो कैसे विदूषक की पतलून की तरह लगती है।

लड़का-9 : *(एकदम)* क क कोई चीखा। हे भगवान!

लड़का-3 : अजी वो तो सियार है।

लड़का-6, 7, 8 : *(एक-दूसरे को चिपककर, थर-थर काँपते हुए।)* सियार ऽ ऽ!

लड़का-9 : *(उनसे चिपककर)* बहोत होशियार होते हैं वो।

लड़का-8 : गाड़ीवाले! जल्दी चलाओ दाढ़ी, नहीं नहीं गाड़ी।

[लड़का-4 एक दिशा में भौंकता है।]

वो वो सुनो। कोई फिर चीखा।

लड़का-7 : अब क्या होगा? हे भगवान!

लड़का-6 : ऊपर से ये घुप्प अँधेरा।

लड़का-3 : वो तो रोज़ ही होता है। और उस सियार से क्या डरते हो जी? हमें तो बाघ भी दिखाई देते हैं दिन में दो-दो बार।

लड़का-9 : *(डर के)* बाऽघ?

लड़का-8 : दिन में दो बार?

लड़का-3 : हाँ। बाघनाथ का पहाड़ जो ठहरा ये।

लड़का-7 : अरे बाप रे? *(तीनों एक-दूसरे को पकड़े खड़े हैं और डर के मारे काँप रहे हैं।)*

लड़का-3 : अजी आप लोग ज़रा चुप भी बैठो! अभी ये ढलान पर यूँ गाड़ी छोड़ता हूँ कि दूसरे पल एकदम गाँव में ही।

[घुँघरू बजाते हुए ज़ोर से घूमने लगता है। पीछे बैण्डवाले रेल के डिब्बों की तरह। पीछे-पीछे लड़का-4]

लड़का-5 : *(अभी तक चुप है—अब एकदम चीखता है।)* भ भ भूत! भूत! भूत!

[सभी बैण्डवाले एक-दूसरे पर गिरते-पड़ते हैं। सब की घिग्घी बँध गयी है। गाड़ीवाला गाड़ी रोकता है।]

लड़का-3 : कौन है वो? कौन चिल्ला रहा है? ज़रा आवाज़ दो। कौन है?

[अँधेरे में मानो टटोलते हुए लड़का-5 लँगड़ाते हुए आता है। सभी बैण्डवाले 'भ भ भूत' करके एक-दूसरे पर फिर गिर पड़ते हैं।]

कौन है तू? नाम क्या तेरा?

लड़का-5 : म म मैं।

[फिर बैण्डवाले चिल्लाते हैं। 'भूत' और आँखें मूँद लेते हैं।]

लड़का-3 : अरे कौन? बाजा? तू है?

क्यूँ बे लँगड़े तू यहाँ क्या कर रहा है? इतनी दूर और इतनी रात गये? ऊँ?

लड़का-5 : भऽ भऽ भूत। *(फिर चीखता है।)*

[बैण्डवाले फिर गिरते हैं।]

लड़का-3 : अरे क्या बक रहा है? किधर का भूत? क्यूँ खाली पिली चीखता है? अबे बोल न साले!

लड़का-5 : *(हकलाते हुए)* व व वो उधर। प प पीपल के पेड़ पर। *(फिर चिल्लाता है।)* भऽ भ भूत।

[बैण्डवाले गिरते हैं। 'राम' 'राम' कहने लगते हैं।]

लड़का-3 : ए चिल्लाओ मत। तूने कहाँ देखा? किधर देखा। कैसे देखा? ...चल आ गाड़ी में। तुझे गाँव में छोड़ता हूँ।

लड़का-5 : न न नहीं नहीं। भ भ भूत। उधर। र र रास्ते में। प प पेड़ पर।

[बैण्डवालों ने आँखें कसकर मूँद ली हैं। 'राम' 'राम' का जाप ज़ोर से चालू। सभी बहुत ही डरे हुए हैं।]

लड़का-3 : अरे होगा तो क्या खायेगा अपने को? चल बैठ चुपचाप। ऐसे छोड़ता हूँ गाड़ी कि बस।

लड़का-9 : *(रुककर चीखते हुए)* नहीं, नहीं चाहिए।
लड़का-8 : नहीं चाहिए।
लड़का-7 : हम नहीं आयेंगे।
लड़का-6 : भूत याने क्या मज़ाक़ है?
लड़का-5 : *(फिर चीखता है)* भ भ भूत—

[बैण्डवाले गिरते हैं...]

लड़का-3 : अबे ऐ लँगड़े क्यूँ खाली पिली आवाज़ कर रहा है। चल बैठ गाड़ी में। चुपचाप। चल बैठ? बारात का टेम हो गया। उधर पटेल बोम मारेगा।
लड़का-6 : मारने दो। राम-राम...
लड़का-7 : उसी को बैण्ड समझो। राम-राम...
लड़का-8 : राम राम राम राम। हम नहीं आते। राम राम।
लड़का-9 : हम जा रहे हैं वापस। राम राम—
लड़का-8 : जाने किधर से निकले इस गँवार के साथ। चलो उतरो सब नीचे।

[सभी उतर कर खड़े होते हैं।]

लड़का-6 : सियार।
लड़का-7 : बाघ।
लड़का-8 : भूत।
लड़का-5 : *(फिर चिल्लाता है)* भ भ भूत।

[बैण्डवाले उल्टी दिशा में भाग जाते हैं।]

लड़का-3 : *(ज़ोर-ज़ोर से पुकारता है।)* बैण्डवाले ओ बैण्डवाले— बैण्डवाले अजी ओ बैण्डवाले। *(बैण्डवाले वापस आते—हताश होकर—लड़का-5 से)* अभी किया तूने लफड़ा। पटेल जिन्दा गाड़ेगा मुझको, और वो पटेलनी इधर तेरा हो गया भूत लेकिन उधर मेरी गर्दन लटकेगी, उसका क्या? अभी पटेल को कैसे ये थोबड़ा दिखाऊँ? *(बैठ जाता है। उसके बाजू में लड़का-4 बैठ जाता है। वह उसे दुत्कारता है।)*
लड़का-5 : म म मैं बताऊँ? प प पटेल को ब ब बताओ ही नहीं—ब ब बैण्डवाले भ भ भाग गये।
लड़का-3 : तो फिर क्या करूँ लँगड़े?

लड़का-5 : अ अ आये ही नहीं... *(इशारे से समझाने की कोशिश करता है।)*

लड़का-3 : बताऊँ आये ही नहीं? अबे लेकिन उनको लाने के लिए भेजा था मुझे। पटेलनी बोली थी उनको साथ लाये बिना वापस नहीं आना।

लड़का-5 : ब ब बताओ—द द दूसरी शादी थी *(इशारे से)* ग ग गये उधर। अ अ आये ही नहीं। म म मैं आता हूँ स स समझाने।

लड़का-3 : *(ज़रा सोचकर)* हूँ, ठीक है। चल बैठ गाड़ी में ऐसी दौड़ाता हूँ गाड़ी कि वो तेरा भूत भाग खड़ा होगा।

लड़का-5 : उ उ उधर—प प पेड़ पर—

[लड़का-3 गाड़ी गोल-गोल घुमाता है। घुँघरू बज रहे हैं। लड़का-5 मजे में छलाँग लगाने का अभिनय करता है और लड़का-3 से पीठ टिकाये खड़ा रहता है और हिलने-डुलने लगता है मानो गाड़ी में बैठा हो। उसी स्थिति में घूमता भी है। लड़का-4 पीछे-पीछे।]

लड़का-3 : *(बीच में ही रुककर)* ए लँगड़े! गया क्या?

लड़का-5 : उफ्—क्या?

लड़का-3 : अरे भूत रे।

लड़का-5 : उफ—ग ग गया। *(प्रेक्षकों से)* था ही नहीं।

[तीनों जाते हैं।]

लड़का-1 : *(आता है)* रात बहुत चढ़ गयी है। आज घर में दीया भी नहीं जलाया। जलाऊँ तो भी किसलिए? अँधेरा ही ठीक है। *(ध्यान से सुनते हुए)* अभी तक पटेल की शादी की बारात कैसे नहीं आयी? आयेगी-आयेगी—भोजन में ही देर हो गयी होगी। दूल्हे राजा रूठे होंगे सोने की घड़ी के लिए नहीं तो स्कूटर के लिए। लेकिन अभी तक गाड़ी कैसे नहीं दिखाई दी बैण्डवालों को ले जाते हुए।

[लड़का-3, 4 और 5 जिस दिशा में गये उससे उल्टी दिशा से आते हैं। क्रम 3, 5, 4 लड़का-3 घुँघरू बजा रहा है। तीनों हिलते-डुलते, उछलते हुए जाते हैं।]

ये आयी गाड़ी और ये चली गयी। *(आँखों के सामने आड़ा हाथ लेकर अँधेरे में देखते हुए)* हट्—कुछ भी दिखाई नहीं देता इस अँधेरे में। लेकिन ये गाड़ी तो पटेल की ही। *(आह भरकर)* आखिर आ ही गया बैण्ड। बैण्ड के आगे ताशा यानी—जाने दो। अब वो ख़याल भी नहीं मन में लाने का। आज से ताशा बजाना ही छोड़ दिया और अब गाँव भी छोड़ के जाऊँगा। कहीं भी जाऊँगा, जो भी मिले खाऊँगा और जिऊँगा, लेकिन यहाँ नहीं रहूँगा।

[लड़का-2 यानी बहुरूपिया आता है।]

कौन है? अजी कौन है?

लड़का-2 : मैं।

लड़का-1 : कौन मैं?

लड़का-2 : ह-म।

लड़का-1 : कोई नाम गाँव होगा कि नहीं तुम्हें।

लड़का-2 : ठणठणपूर का इनामदार, भिखारगाँव का जागीरदार, महाराज चकमादित्य। निगा रखो महाराज *(मुँह से तुरही की आवाज़।)*

लड़का-1 : अरे तुम हो? क्यूँ नाव्या। इतनी रात गये इधर कैसे?

लड़का-2 : दिन ढल गया सो रात में। अभी यहाँ से कोई रथ गया क्या?

लड़का-1 : रथ? तुम्हें क्या यह पुराण का हस्तिनापुर लगा जो यहाँ रथ दौड़े?

लड़का-2 : फिर हवाई जहाज़?

लड़का-1 : क्या पागल हो तुम भी! ये क्या इन्द्र की अलकानगरी है हवाई जहाज़ से घूमने को?

लड़का-2 : तो फिर जहाज़!

लड़का-1 : *(हँसते हुए)* जहाज़। नारोवा। जहाज़ ज़मीन पर कब से चलने लगा।

लड़का-2 : कब से? एकदम आसान है। जब से अपना पटेल शहर का बैण्ड बुलाने लगा तब से। दो ताली—। लेकिन सुनो बैण्ड का अब तक पता ही नहीं। उधर बारात कब से

अटकी हुई है। पटेल बैठा है सर थामे। जैसे बड़ा राज्य गँवा बैठा हो। और पटेलनी बैठी है रूठ के। दूल्हे के माँ-बाप फूट रहे हैं पटाखों की तरह फट फट! और सभी बाराती थूक रहे हैं पटेल और पटेलनी के मुँह पर।

लड़का-1 : ऐसा?

लड़का-2 : तो फिर कैसा। कहते हैं ये पटेल को किसने बताया अपना गाँव का ताशा छोड़कर यह शहरी बैण्ड का नाटक रचाने?

लड़का-1 : सचमुच?

लड़का-2 : हाँ सचमुच। *(हाथों से तालियाँ बजाते हुए एक ताल में।)*

बैण्ड नहीं
बाजा नहीं
ताशा अच्छा अपने गाँव का
कड़ाकड़-धम् कड़ाकड़-धम्
पटेलनी जी
शादी में
अब रोब नहीं बैण्डवालों का
ताशा अच्छा अपने गाँव का
पों पों रे पों
ठो ठो रे ठो
बैण्ड नहीं अपने काम का
ताशा अच्छा अपने गाँव का
कड़ाकड़-धम् कड़ाकड़-धम्

['राम-राम' कहके चला जाता है।]

लड़का-1 : नाव्या झूठ बोलता होगा। आखिर मज़ाकिया ठहरा। मज़ाक ही कर रहा होगा।

लड़का-3 *(नौकर)* हाँफते हुए आता है।

लड़का-3 : पटेलजी—पटेलजी ओ पटेलजी *(फिर खुद को सँभाल के)* नहीं नहीं—आप काशा ताशेवाला न। हाँ—आप ही—तो फिर चलो जल्दी-जल्दी। पटेलजी बुला रहे हैं। बारात अटकी है। चलो-चलो—अभ्भी चलो। ताशा लेके चलो।

—पहले चलो आप।

लड़का-1 : *(खुश होकर)* अरे लेकिन बैण्ड...

लड़का-3 : बैण्ड रहा शहर में। आप पहले चलो—

लड़का-1 : लेकिन वो लाने के लिए गये थे न तुम गाड़ी लेकर...

लड़का-3 : अभी क्यूँ मुझको तंग कर रहे हो। जल्दी-जल्दी चलो।

लड़का-1 : और वह लँगड़ा बाजा—वो कहाँ है?

लड़का-3 : होगा उधर रास्ते में, नहीं तो पीपल के पेड़ पर भूत के साथ बैठा होगा। मुझे नहीं मालूम! पटेल ने ऐसी पिटाई की....लेकिन आप चलो पहले, नहीं तो मेरी भी खैरियत नहीं।

[लड़का-1 अब अन्दर यानी घर में जाता है, गले में झूठमूठ का ताशा पहने हुए आता है। फिर 'छड़ियाँ तो भूल ही गया' कहते हुए अन्दर भागता है, वापस आता है; फिर 'अरे साफा रह गया' कहकर फिर अन्दर जाता है। इस बीच लड़का-3 देरी के कारण बेचैन।]

लड़का-1 : चलो। *(दोनों निकलते हैं बीच ही में)* अरेरे। काम की बात रह गयी। चप्पल ही भूल गया।

[फिर भागते हुए जाता है और वापस आता है। अब लड़का-3 आगे और यह पीछे-पीछे इस तरह निकल जाते हैं। कुछ समय पश्चात लड़का-5 लँगड़ाते हुए आता है। अब यह ज़रा ज़्यादा ही लँगड़ा रहा है। पीठ कमर पकड़ के कराह रहा है।]

लड़का-5 : क क काशीनाथ पंत— ओ क क काशीनाथ सेठ—उँ नहीं हैं। *(एक जगह बैठ जाता है)* अब मैं ज़रा मन में बात करता हूँ। आखिर इतनी मेहनत करके बैण्डवालों को भगाया और ऊपर से पटेल के हाथ से *(कमर पकड़ के कराहता है)* भर पेट मार भी खायी। और यहाँ काशा ताशेवाले का कोई पता नहीं। फिर भी उसे बता के गया था बारात में जाओ। सब मेहनत बेकार गयी और बदन भी दुख रहा है। *(कराहते हुए)* ओय ओयऽ।

[ताशे की आवाज़ सुनायी देती है। लड़का-5 उसे

सुनने लगता है। ताशे की आवाज़ तीव्र होती जाती है। लड़का-5 जल्दी-जल्दी उठता है और कमर पकड़ के आवाज़ की दिशा की ओर देखने लगता है।]

लड़का-5 : बारात ही तो है। लेकिन ताशा कौन बजा रहा है?

[पटेल की बेटी की शादी की बारात रंगमंच पर आती है। पर्दे के पीछे से 'ताशा' की ज़ोर-ज़ोर से आवाज़ आ रही है। बारात में सबसे आगे काशा ताशेवाला नकली ताशा आवेग के साथ पीट रहा है। उसका अभिनय बिल्कुल ताशेवाले की तरह। उसके पीछे और बच्चे, अलग-अलग तरह से नाचते हुए। उसके बाद दूल्हा-दुल्हन। उनके पीछे बाराती, पेट आगे निकाले हुए मन्द गति से डकारें लेते हुए—पधार रहे हैं। धीरे-धीरे बारात आती है और चली जाती है। पीछे रह जाता है अकेला लँगड़ा बाजा काशा ताशेवाला। बारात जिस दिशा में गयी उधर देखते हुए... ।]

(पर्दा गिरता है।)

❐❐